Général DE CLAUSEWITZ

THÉORIE

DE LA

GRANDE GUERRE

TRADUCTION

DU Lt-Colonel DE VATRY

TOME TROISIÈME

PARIS

LIBRAIRIE MILITAIRE DE L. BAUDOIN ET Co

IMPRIMEURS-ÉDITEURS

30, Rue et Passage Dauphine, 30

1887

THÉORIE

DE LA

GRANDE GUERRE

PARIS — IMPRIMERIE L. DUVLOIS ET C°, 7, RUE CHRISTINE

Général DE CLAUSEWITZ

THÉORIE

DE LA

GRANDE GUERRE

TRADUCTION

DU L¹-COLONEL DE VATRY

TOME TROISIÈME

PARIS

LIBRAIRIE MILITAIRE DE L. BAUDOIN ET Cⁱᵉ

IMPRIMEURS-ÉDITEURS

30, Rue et Passage Dauphine, 30

1887

L'OFFENSIVE.

CHAPITRE PREMIER.

L'ATTAQUE DANS SES RAPPORTS AVEC LA DÉFENSE.

Lorsque deux idées forment des contrastes logiques, elles se pénètrent et l'étude de l'une fait *à priori* ressortir les principes de l'autre, de sorte que, bien qu'en raison de l'imperfection de notre esprit nous ne puissions les embrasser toutes deux du même coup-d'œil ni retrouver, par le seul fait du contraste, la totalité de l'une dans la totalité de l'autre, l'étude de la première répand du moins déjà assez de lumière sur la seconde pour nous permettre d'en saisir de nombreuses parties. Nous croyons donc que, sur tous les points qu'ils touchent, les premiers chapitres du livre que nous avons consacré à *la défensive* font déjà suffisamment connaître la forme contraire; mais il n'en saurait être ainsi pour la généralité des objets car nulle part nous n'avons pu épuiser le sujet, et, par suite, là où le contraste ne se rencontre pas immédiatement à la base de *l'idée* comme dans les premiers chapitres, il est naturel que ce que nous avons encore à dire de *l'offensive* ne découle pas directement de ce que nous avons déjà dit de *la défensive*. C'est ainsi que, tout en poursuivant ici les mêmes sujets que nous avons déjà examinés dans le livre précédent nous en arriverons maintes fois à abandonner nos premiers points d'observation pour examiner de plus près *l'offensive*, et que, néanmoins, les points de vue nouveaux auxquels nous nous transporterons ainsi nous permettront de considérer la *défensive* elle-même sous des faces toutes nouvelles. Nous ne nous proposons cependant pas, en cela, de suivre la méthode adoptée dans la plupart des cours de fortification, c'est-à-dire de revenir sur les moyens de *la défensive* pour les annihiler par les moyens de la forme opposée, ou, en d'autres termes, de chercher à prouver, ce qui est absolument contraire à la nature des choses, qu'à chaque moyen de la première la seconde est en situation d'opposer un moyen infaillible. *La défensive* a ses côtés forts et ses côtés faibles ; toujours est-il que, si les premiers ne sont pas insurmontables, ils exigent du moins des efforts proportionnés de la part de l'adversaire. Nous ne nous proposons pas davantage de parcourir toute la série des moyens jusqu'à épuisement du sujet. Il est certain que chaque moyen de la défense conduit à un moyen de l'attaque, mais il arrive souvent que ce moyen se présente aussitôt à l'esprit sans qu'il soit nécessaire de se déplacer pour l'apercevoir. Nous nous bornerons donc, dans ce nouveau livre, à n'envisager chaque objet, au point de vue de l'*offensive*, qu'en tant que ses rapports avec cette forme de l'action à la guerre ne ressortent pas déjà clairement de l'étude que nous lui avons consacrée dans *la défensive*. Cette manière de procéder nous amènera, néanmoins, à traiter maints sujets qui n'ont pas de correspondants dans le livre précédent.

CHAPITRE II.

NATURE DE L'OFFENSIVE STRATÉGIQUE.

Nous avons vu que généralement à la guerre, et par conséquent aussi dans la stratégie, la défense n'est que relativement passive, et que, loin de borner son action à une expectative ou à une résistance absolue, elle l'entremêle d'actes offensifs plus ou moins prononcés. L'action de l'offensive ne constitue pas davantage un tout homogène et se présente incessamment mélangée d'actes défensifs. L'analogie ne va cependant pas plus loin entre les deux formes de l'action à la guerre, et, tandis qu'il n'est pas possible de se représenter la défense sans parade suivie de riposte, et que, par conséquent, le retour offensif constitue une partie indispensable et intégrante d'une action défensive complète, le choc, ou action proprement dite de l'attaque, forme une notion indépendante qui ne comporte en soi aucune immixtion d'éléments étrangers à l'offensive. Ce n'est, en effet, que graduellement et en raison des espaces auxquels elle est liée que l'offensive en arrive fatalement à des applications de plus en plus accentuées de la forme défensive. Son élan ne peut la conduire d'un bond jusqu'à l'objectif convoité; il lui faut des moments de repos pour reprendre force et haleine, et le principe offensif, neutralisé pendant ces temps d'arrêt, tourne aussitôt à la forme contraire. D'un autre côté, les espaces que, dans sa marche de pénétration, l'armée envahissante laisse derrière elle et sur lesquels elle doit établir ses dépôts, ses magasins et les lignes de communications par lesquelles lui parviennent tous les objets qui la font vivre, ne se trouvent pas toujours et partout couverts par l'action même de l'attaque et demandent, dès lors, à être spécialement protégés.

On voit donc que généralement à la guerre, et particulièrement dans la stratégie, l'attaque se produit par une alternative inévitable et une liaison constante d'actes offensifs et d'actes défensifs, et que ces derniers, remplissant l'office de contre-poids, trahissent la force d'inertie de la masse et, loin de préparer ou d'augmenter la puissance de l'action générale, l'entravent au contraire et l'amoindrissent déjà par la seule perte de temps qu'ils représentent.

Tel est le germe fatal, le péché originel et comme le principe de mort que l'offensive porte en elle-même. Jusqu'ici, cependant, le désavantage ne paraît être que négatif, mais on va voir qu'il devient positif. La défensive étant la plus forte et l'offensive la plus faible des deux formes de la guerre, on pourrait croire, en effet, que lorsque l'attaquant a recours à des actes défensifs, il devrait nécessairement en tirer des éléments de force nouvelle, par la raison que, tant qu'il est assez fort pour faire usage de la forme la plus faible, il peut d'autant mieux se suffire en employant les procédés de la forme la plus forte. L'axiome est vrai, d'une façon générale, et nous en trouverons de nouvelles preuves lorsque nous traiterons du *point-limite de la victoire*, mais il ne faut pas perdre de vue que la supériorité de la défensive stratégique repose précisément en partie sur ce que le défenseur ne passe à l'attaque que volontairement, lorsque ce changement de mode favorise son action et que les circonstances s'y prêtent, tandis que, pour l'attaquant, le passage à la défensive est absolument involontaire, contrarie et affaiblit sa marche en avant, et ne se produit fatalement que dans les conditions de résistance les plus défavorables. Or c'est précisément quand l'envahisseur en est ainsi réduit à cette faible application de l'action défensive, que doit se produire, de la part de la défense, la réaction positive qui constitue sa plus grande puissance. Quelle extrême différence ne se présente-t-il pas, en effet, pendant les 10 ou 12 heures de repos qui succèdent à la tâche de chaque jour, entre la situation du défenseur placé dans des positions choisies qu'il a préparées d'avance et qu'il connaît à fond, et celle de l'attaquant réduit à s'arrêter dans des bivouacs auxquels il ne parvient qu'à tâtons comme un aveugle! Quelle différence plus grande encore, pendant le temps d'arrêt plus long qu'une organisation nouvelle du service des subsistances, l'attente de renforts ou d'autres motifs peuvent rendre nécessaire, alors que le premier se trouve à proximité de ses places fortes et de ses magasins, tandis que le second est comme l'oiseau sur la branche! En somme, il se présente inévitablement des circonstances où, pour une cause ou pour une autre, l'envahisseur en est réduit à la défensive, et ces circonstances ne peuvent lui être qu'absolument contraires tant qu'il n'est pas encore parvenu à écraser les armées de son adversaire. Il est certain que cette action défensive de l'envahisseur est indépendante de l'attaque proprement dite, mais il est clair, cependant, qu'elle la ralentit et la diminue, et que les circonstances qui accompagnent la première réagissent sur la seconde et contribuent à en déterminer la valeur définitive totale.

Il découle de ces considérations que toute attaque comportant fatalement en soi des éléments de défensive, l'attaquant doit sans cesse avoir l'œil ouvert sur tous les désavantages qui en peuvent résulter et se tenir prêt à y parer.

Sous tous les autres rapports, cependant, l'*offensive* reste invariablement une et homogène.

Nous avons vu, dans le chapitre qui traite *des divers procédés de résistance*, que la défense, selon qu'elle tire plus ou moins parti du principe de l'*expectative*, passe par une quantité de degrés différents et peut ainsi modifier essentiellement la forme de son action. Il n'en est pas de même de l'attaque qui ne possède qu'un principe actif unique et dans laquelle les éléments de défensive ne constituent qu'un poids mort. Il est certain qu'il peut se présenter des différences très considérables dans l'énergie de l'attaque ainsi que dans la promptitude et dans la puissance de son choc, mais tout cela ne constitue que des nuances et ne modifie nullement le caractère de son action. On peut bien se représenter l'attaquant choisissant parfois la forme défensive pour arriver plus sûrement à son but et se plaçant, par exemple, sur une bonne position pour s'y laisser attaquer; mais ce sont là des cas trop rares pour que, ne déduisant jamais nos règles que de l'ensemble des idées et des faits que l'expérience enseigne, nous en puissions tenir compte.

L'action de l'offensive ne comporte donc pas la gradation par laquelle les divers procédés de résistance permettent de faire passer la défensive.

Les moyens de l'attaque sont généralement restreints à ses forces armées et aux places fortes qu'elle possède dans le voisinage du territoire envahi. Ainsi placées, ces forteresses ont tout d'abord une importance considérable, mais, au fur et à mesure que l'invasion progresse, cette importance décroît, et l'on comprend bien que, au contraire de celles du défenseur qui en arrivent parfois à jouer le rôle principal, les places fortes de l'attaquant ne peuvent jamais exercer une grande influence sur les opérations militaires.

Quant à la coopération de la nation à l'action de l'attaque, on ne peut se la représenter que dans le cas très rare où les habitants sont hostiles à leur propre gouvernement et appellent de leurs vœux l'invasion pour faire cause commune avec elle.

Enfin l'envahisseur peut aussi avoir des alliés, mais, au contraire de la défense pour laquelle, par des raisons que nous avons développées au livre de la défensive, les alliances sont d'ordre naturel et basées sur des intérêts généraux, les alliances de l'attaque ne sont jamais que le résultat de rapports fortuits et d'intérêts particuliers.

On voit donc que si l'on peut compter les forteresses, le soulèvement des populations et les alliances au nombre des moyens de résistance naturels de la défense, on ne le saurait faire pour l'attaque, et que celle-ci ne dispose que très rarement et presque toujours accidentellement de ces moyens.

CHAPITRE III.

OBJET DE L'OFFENSIVE STRATÉGIQUE.

Dans l'une comme dans l'autre forme de l'action à la guerre *renverser l'ennemi* est le but et *détruire ses forces armées* est le moyen. En détruisant les forces armées de l'adversaire, le défenseur en arrive à l'offensive et l'attaquant à la conquête du pays. La conquête est donc l'objet de l'offensive, que ce soit d'ailleurs la conquête du territoire entier ou seulement la conquête d'une partie de ce territoire telle qu'une province, un district, une place forte, etc. Au point de vue politique, en effet, qu'on la conserve ou qu'on l'échange, chacune de ces conquêtes peut avoir une certaine valeur au moment de la conclusion de la paix.

On voit que l'objet de l'offensive stratégique comporte un nombre infini de degrés, depuis la conquête du pays entier jusqu'à celle de la place forte la moins importante. Aussitôt que ce but est atteint, l'offensive cesse et la défensive commence. On pourrait donc être porté à se représenter une attaque stratégique comme une unité nettement déterminée. Il n'en est cependant pas réellement ainsi, et, dans la pratique, l'instant où l'offensive se transforme en défensive est aussi indéterminé que l'instant où, dans la défensive, l'action passe à la forme contraire.

Il n'arrive pas toujours que le général se fixe d'avance la conquête qu'il veut faire et, généralement, il laisse les événements en décider. Son offensive le conduit parfois plus loin qu'il ne l'aurait supposé. Parfois aussi, après un temps d'arrêt plus ou moins long, l'accroissement de ses forces lui permet d'aller de nouveau de l'avant, sans qu'il faille pour cela séparer le premier acte du second. Dans d'autres circonstances, il s'arrête plus tôt qu'il ne le voulait faire sans abandonner néanmoins ses projets et passer à la défensive. On voit en un mot que si la défensive heureuse peut insensiblement tourner à l'offensive, celle-ci peut réciproquement peu à peu se transformer en défensive.

S'il venait à perdre de vue ces nuances de l'action dans l'offensive, le lecteur s'exposerait à faire de fausses applications de tout ce que nous avons à dire à ce propos.

CHAPITRE IV.

FORCE DÉCROISSANTE DE L'OFFENSIVE.

La décroissance de la force absolue de l'attaque est l'un des sujets les plus importants de la stratégie, et c'est de la judicieuse appréciation de ce phénomène que, dans chaque cas particulier, dépendent le jugement à porter et la direction à suivre.

Les causes de cette décroissance sont les suivantes :

1° La nécessité d'occuper le territoire envahi pour en rester maître. — Cette nécessité ne s'impose généralement, il est vrai, qu'après une première solution favorable, mais il est rare que l'attaque cesse avec la première solution.

2° La nécessité, pour une armée attaquante, d'occuper le pays sur ses derrières, afin d'assurer ses lignes de communications et le service de ses subsistances.

3° Les pertes par le feu et par les maladies.

4° L'éloignement des ressources réparatrices (dépôts, magasins, etc.).

5° Les investissements et les sièges des places fortes.

6° Le relâchement des efforts.

7° La défection des alliés.

Quelques causes de renforcement font cependant

parfois contre-poids à ces causes d'affaiblissement. Il peut arriver, par exemple, que l'amoindrissement des forces de la défense soit égal ou même supérieur à celui des forces de l'attaque, et, bien que le cas soit rare, il convient d'en tenir compte dans le calcul du résultat probable des opérations. Il ne faut pas toujours, d'ailleurs, baser ce calcul sur la totalité des forces mobilisées de part et d'autre, mais seulement sur celles qui se trouvent en présence en première ligne ou sur les points les plus importants. — Exemples divers : les Français en Autriche et en Prusse; les mêmes en Russie; les Alliés en France; les Français en Espagne.

CHAPITRE V.

POINT LIMITE DE L'OFFENSIVE.

Pour l'offensive, le succès est le résultat de la supériorité de ses forces physiques et morales sur celles de la défense. Or, bien que les forces de l'attaque, ainsi que nous l'avons montré dans le chapitre précédent, aillent en s'épuisant peu à peu, il peut néanmoins se faire qu'elles se maintiennent supérieures à celles de la défense. Le cas est rare, cependant, parce que l'attaque paye comptant, c'est-à-dire au prix d'une partie de ses forces armées, chacun des gages dont elle s'empare pour les faire valoir lorsque les négociations s'ouvriront. On voit ainsi que l'attaque ne peut arriver à ses fins que si, malgré toutes ces causes d'affaiblissement, elle conserve jusqu'à la conclusion de la paix la supériorité de ses forces sur celles de la défense.

Il est des attaques stratégiques qui mènent directement à la paix, mais ce n'est que le petit nombre, et la plupart ne conduisent qu'au point extrême où les forces suffisent encore pour se maintenir sur la défensive en attendant la paix. Au delà de ce point commence le revirement, le choc en retour, dont la violence est en général de beaucoup supérieure à celle du choc lui-même. Voilà ce que nous nommons le *point limite* de l'offensive.

Le but de l'offensive étant la conquête du pays enne-mi, l'attaque ne doit s'arrêter que lorsque sa supériorité est épuisée. Cette considération la pousse nécessaire-ment vers le but, mais elle peut facilement aussi le lui faire dépasser. Or, lorsque l'on considère la quantité des éléments différents qui doivent entrer dans le calcul de l'estimation des forces opposées, on se rend compte que, dans maintes circonstances, il soit extrêmement difficile de juger si l'on a ou non la supériorité de son côté.

Tout dépend donc de la finesse du jugement ; seule elle peut révéler quel sera le point limite de l'offensive. Ici nous nous heurtons à une contradiction apparente. La défensive étant intrinsèquement plus forte que l'offensive, on devrait croire que l'offensive ne peut jamais conduire trop loin, par la raison que, tant que la forme la plus faible demeure assez forte, il doit en être de même de la forme la plus forte (1).

POINT LIMITE DE LA VICTOIRE.

Il est des guerres dans lesquelles le vainqueur n'est pas en état de *renverser* complètement son adversaire, et souvent, le plus fréquemment même, la victoire atteint un point limite qu'elle ne peut plus dépasser.

(1) Ici le manuscrit porte l'annotation suivante : « Développement « de ce sujet d'après le livre *de la stratégie*, sous le titre : *Du point* « *limite de la victoire*. »

Or, sous ce titre et dans une enveloppe portant l'annotation *Maté-riaux divers*, on a trouvé, dans les papiers du général de Clausewitz, le chapitre suivant dont nous plaçons ici la traduction parce qu'il semble être le développement de ce dont les lignes ci-dessus ne parais-sent être que l'esquisse.

Cette vérité ressort suffisamment de la masse des faits, mais elle a une si grande importance pour la théorie de la guerre, elle exerce une si grande influence dans l'élaboration des plans de campagne, elle présente superficiellement tant d'apparentes contradictions, que nous croyons devoir la considérer de plus près et en rechercher le véritable principe.

En général la victoire résulte de la prépondérance de la masse des forces physiques et morales. Il est incontestable, d'ailleurs, que la victoire elle-même augmente encore cette prépondérance, car sans cela on ne la rechercherait pas au prix de tant de sacrifices. Elle n'est pas seule cependant à augmenter cette prépondérance, et les résultats qu'elle produit y concourent aussi dans une certaine limite. Cette limite peut ne pas être très éloignée et parfois même elle est si proche que tous les résultats d'une bataille se réduisent à l'augmentation de la prépondérance morale du vainqueur.

Nous allons rechercher comment les choses s'enchaînent pour amener ce résultat.

Pendant le développement de l'acte de guerre, les forces armées rencontrent incessamment, de part et d'autre, des éléments dont les uns augmentent et les autres diminuent leur puissance. C'est donc une question de plus ou de moins. Comme toute diminution des forces d'un côté équivaut à une augmentation des forces de l'autre, ce double mouvement de flux et de reflux se produit également dans la marche en avant et dans la marche en retraite.

Les causes principales de ces modifications étant les mêmes dans les deux cas, nous nous bornerons à les rechercher dans le premier.

Quand nous allons de l'avant, les causes d'accroissement pour nos forces sont les suivantes :

1° Les pertes habituellement plus grandes qu'éprouve l'adversaire dans sa marche en retraite.

2° Les magasins, les dépôts, les ponts, etc., etc., etc., qu'il laisse tomber entre nos mains en se retirant et qui constituent pour lui des pertes d'autant plus sensibles que rien ne les peut compenser.

3° Les provinces que nous envahissons et dont il ne peut plus tirer de troupes de renfort.

4° L'avantage de vivre d'une partie de ses ressources, c'est-à-dire à ses dépens.

5° Le trouble que nous apportons dans son unité, dans ses mouvemnts, dans son administration intérieure et dans le fonctionnement de ses divers services.

6° La défection de ses alliés, et, de notre côté, des alliances nouvelles.

7° Enfin le découragement de l'adversaire qui lui fait en partie tomber les armes des mains.

Par contre, les causes d'affaiblissement auxquelles nous sommes exposés sont les suivantes :

1° En se retirant l'adversaire rappelle à lui tous les détachements dont il avait dû jusqu'alors diminuer le gros de ses forces pour assiéger ou observer nos places fortes ou pour protéger les siennes, tandis que, désormais, il nous faut assiéger, investir, bloquer ou observer ces dernières au fur et à mesure que nous les atteignons.

2° A partir du moment où nous pénétrons sur le territoire de l'adversaire, le théâtre de guerre change de nature et nous devient hostile. Il nous faut l'occuper partout si nous voulons en rester maîtres, et partout, néanmoins, il oppose à nos opérations des difficultés qui en diminuent la puissance et les effets.

3° Nous nous éloignons de nos ressources tandis que l'adversaire se rapproche des siennes, ce qui apporte du retard dans le renouvellement des forces par nous dépensées.

4° Le danger que notre marche en avant fait courir à l'État envahi sollicite les puissances qui ont intérêt à son existence à lui venir en aide.

5° Enfin le vainqueur est fréquemment porté à se relâcher de ses efforts, tandis que l'imminence du danger incite parfois l'adversaire à redoubler les siens.

Tous ces effets peuvent se produire à la fois et continuer leur action en sens contraire. Seuls les derniers se heurtent comme de véritables antithèses, ne peuvent se dépasser et s'excluent réciproquement. Cela fait déjà ressortir l'extrême différence qui peut se présenter entre les effets d'une victoire, selon qu'elle paralyse l'énergie du vaincu ou qu'elle le provoque à faire de plus grands efforts.

Passons maintenant à l'étude du caractère de chacun de ces sujets en commençant par les avantages.

1° Les pertes éprouvées par l'adversaire dans une défaite peuvent être plus fortes au premier moment et diminuer ensuite chaque jour pour en arriver enfin à ne pas dépasser les nôtres, mais elles peuvent aussi augmenter chaque jour en progression croissante ; c'est la différence des situations et des rapports qui en décide. On ne peut dire qu'une chose à ce propos, c'est que le premier cas se présente en général plus fréquemment dans les bonnes armées, et le second dans les mauvaises. Après l'esprit des troupes, c'est celui du gouvernement qui exerce ici le plus d'influence. Il est de la plus haute importance, à la guerre, de pouvoir distinguer les deux cas, afin de ne pas interrompre l'action précisément au moment où il faudrait la pousser avec le plus de vigueur, et réciproquement.

2° Les pertes de l'adversaire en forces de combat

inanimées sont plus ou moins considérables selon l'emplacement et les conditions éventuelles de ses dépôts d'approvisionnements. C'est là, d'ailleurs, un sujet qui, de nos jours, a beaucoup perdu de son importance.

3° Le troisième avantage croît nécessairement avec la marche en avant et ne prend même d'influence réelle que lorsque l'on a déjà derrière soi le quart ou, mieux encore, le tiers du territoire de l'adversaire. Il faut, en outre, tenir compte à ce propos de la valeur spéciale des provinces envahies au point de vue de la guerre.

4° Le quatrième avantage augmente également avec la marche en avant.

Il est une remarque très importante qu'il convient de faire au sujet de ces deux derniers avantages. C'est que l'influence qu'ils exercent sur les forces armées opposées ne se fait sentir en général que très lentement et après un long détour, et que, par suite, il faut bien prendre garde de compromettre sa situation pour les obtenir.

5° Le cinquième avantage n'entre pareillement en ligne de compte que lorsque l'on s'est déjà assez avancé sur le territoire ennemi pour en pouvoir séparer quelques provinces qui dépérissent bientôt dans leur isolement.

6° et 7° Quant aux deux derniers avantages, il est pour le moins vraisemblable que la marche en avant ne peut que les favoriser. C'est là, d'ailleurs, une question sur laquelle nous reviendrons dans la suite.

Passons maintenant à l'étude de la nature des causes d'affaiblissement que nous avons signalées dans la marche en avant.

1° Le nombre des sièges, des investissements et des blocus des places fortes augmente la plupart du temps avec la marche en avant, et l'action directe de l'attaque se trouve momentanément si fort affaiblie par les forces qu'il lui faut consacrer à ces différents services que cette cause d'affaiblissement peut à elle seule atténuer tous les avantages. Il est vrai que, depuis les dernières guerres, on consacre peu de monde à investir les places fortes et encore moins à les observer, et que le défenseur lui-même est obligé d'y laisser des garnisons, mais comme ces garnisons sont habituellement composées, pour la moitié, de troupes qu'on ne saurait utiliser autrement, les places fortes constituent toujours, néanmoins, des instruments de sécurité et de résistance d'une grande valeur pour la défense. L'attaquant, en effet, est obligé de laisser devant chacune des places situées sur ses lignes de communications des forces doubles de celles des garnisons qui les occupent, et, s'il veut en réduire une par la famine ou l'assiéger formellement, pour peu qu'elle ait quelque importance, il doit y employer une petite armée.

2° La deuxième cause d'affaiblissement, l'organisation d'un théâtre de guerre en pays ennemi, croît nécessairement avec la marche en avant et exerce, sur la situation des forces armées attaquantes, une influence plus durable et plus puissante encore, bien que moins immédiate que la première.

Nous ne pouvons considérer comme notre théâtre de guerre que la portion du territoire ennemi que nous faisons incessamment parcourir par de petits corps de troupes ou dont nous occupons les principales villes et les stations d'étapes par des garnisons. Si peu nombreuses que soient relativement les forces qu'il nous faut consacrer à ces différents services, elles amoindrissent considérablement les effectifs de notre armée de première ligne.

Ce n'est cependant là que le moindre mal.

Le terrain qui s'étend sur les côtés des lignes de

communications d'une armée constitue ses flancs stratégiques. En territoire national la faiblesse de ces points
serait peu sensible pour nous, parce que l'adversaire
a aussi des flancs stratégiques, mais, dès que nous
pénétrons sur son territoire, nos lignes de communications n'étant plus que peu ou point abritées sont
exposées à toutes les entreprises qu'une contrée hostile peut favoriser.

Plus on avance, plus les flancs stratégiques s'allon-
gent et plus le danger qui en résulte augmente en
progression croissante. Ce n'est pas seulement, en effet,
que les flancs soient difficiles à couvrir, mais la longueur
et le manque de protection des lignes de communications excitent l'esprit d'entreprise de l'ennemi, alors
précisément que l'envahisseur se trouverait dans la
situation la plus critique s'il venait à être coupé de sa
ligne de retraite.

A chacun de ses pas en avant l'armée envahissante
rencontre ainsi des difficultés nouvelles, de sorte que,
si elle ne possède pas dès le principe une exceptionnelle supériorité, elle se trouve bientôt de plus en plus
limitée dans ses opérations, de plus en plus affaiblie
dans sa force d'impulsion et de plus en plus incertaine
et gênée dans sa situation.

3° L'éloignement des sources auxquelles une armée
soumise à des causes incessantes d'affaiblissement doit
constamment renouveler ses forces augmente avec la
distance et, par conséquent, avec la marche en avant.
Une armée envahissante ressemble en cela à la flamme
d'une lampe; plus l'huile qui doit alimenter la lampe
baisse et s'éloigne du foyer, et plus la flamme s'affaiblit
jusqu'à ce qu'enfin elle s'éteigne.

La richesse des provinces envahies peut, il est vrai,
considérablement atténuer le mal sans toutefois le faire
entièrement disparaître. Il est, en effet, un grand nombre

d'objets — les hommes surtout — qu'une armée ne peut tirer que de son pays d'origine; puis, dans la majorité des cas, les prestations ne se font pas, en pays ennemi, aussi promptement et aussi sûrement qu'en territoire national; enfin, s'il se présente quelque besoin inattendu, on n'y satisfait pas aussi vite et les malentendus et les fautes de toutes sortes ne se découvrent et ne se réparent pas avec la même facilité.

Lorsque, contrairement à l'usage qui s'est établi dans les dernières guerres, le souverain ne conduit pas personnellement son armée, lorsque, surtout, il ne s'en maintient pas à proximité, il en résulte encore un nouveau et très grand désavantage; c'est la perte de temps qu'entraîne l'échange des communications entre le souverain et son lieutenant. Quelque absolus, en effet, que soient les pouvoirs d'un général en chef, il peut arriver, en raison de l'extrême développement que prend parfois sa sphère d'action, qu'ils soient insuffisants et le laissent désarmé dans les circonstances les plus graves.

4° Passons à la quatrième cause d'affaiblissement. Lorsqu'ils résultent du fait même de la victoire, il est vraisemblable que les changements dans les alliances politiques, qu'ils soient ou non favorables au vainqueur, s'accentueront en raison directe de ses progrès. Tout dépend ici des relations politiques existantes, des intérêts, des tendances, des habitudes, des princes, des ministres, des courtisans, des favorites, etc. D'une façon générale on peut dire, cependant, que lorsqu'un État puissant est battu, s'il a de petits alliés, ceux-ci disparaissent d'habitude au plus vite, de sorte qu'à chaque nouveau coup le vainqueur devient plus fort. Lorsque l'État est moins grand, par contre, non seulement il trouve des protecteurs dès que son existence est menacée, mais ceux-là même qui ont concouru à sa défaite se retirent d'eux-mêmes quand ils voient que les choses vont trop loin.

5° Effrayé et paralysé par la marche en avant de son adversaire, il arrive parfois que l'envahi renonce à la lutte après une première défaite, mais parfois, au contraire, enflammée d'un noble patriotisme, la nation tout entière court aux armes et la résistance devient plus violente. On comprend l'extrême différence des dispositions à prendre par l'invasion selon que l'une ou l'autre de ces conjonctures doit se réaliser. L'esprit national, le caractère des gouvernants, la configuration du pays et les alliances politiques peuvent seuls donner des indices à ce propos. Faute de savoir reconnaître la situation, on voit alors tel général craintif, irrésolu et compassé dans ses méthodes laisser se perdre les plus belles occasions, et tel autre, inconséquent et léger, se jeter tête baissée dans tous les hasards d'une lutte dont il n'a pas soupçonné l'intensité et dont il ne sortira qu'amoindri ou brisé.

Il nous faut encore mentionner ici le relâchement qui se produit parfois chez le vainqueur dès qu'il sent le premier danger éloigné, alors précisément qu'il devrait redoubler d'efforts pour parfaire la victoire.

De tous ces principes contraires nous devons conclure que, dans la guerre offensive, la marche en avant et le développement de la victoire tendent, dans la majorité des cas, à amoindrir la prépondérance que l'attaque possède au début ou que ses premiers succès lui ont acquise.

Mais s'il en est ainsi, va-t-on naturellement objecter, loin de parfaire sa victoire en persévérant dans l'offensive, le vainqueur ne fait que la compromettre! Quels mobiles l'y peuvent donc porter? Ne serait-il pas mieux de s'arrêter, puisqu'en allant de l'avant il ne peut plus que perdre de sa supériorité?

La réponse est simple. La prépondérance n'est pas le but à atteindre, elle n'est que le moyen d'y parvenir; le but est de renverser l'adversaire ou, tout au moins, de s'emparer d'une partie de son territoire, non dans l'intérêt des forces armées, mais afin de se créer par là des avantages pour la continuation de la guerre ou des titres à faire valoir au moment de la conclusion de la paix.

Lors même que, cherchant à renverser formellement l'adversaire, nous verrions notre supériorité sur lui s'amoindrir à chacun de nos pas en avant, il faudrait donc encore nous y résigner. Il ne s'ensuivrait pas de toute nécessité, en effet, que cette supériorité dût s'évanouir entièrement avant la chute de l'ennemi, et, si le dernier atome en devait servir à produire ce résultat, ce serait une grande faute de ne l'y pas consacrer.

Initiale ou acquise, la prépondérance ne doit donc être considérée à la guerre que comme un moyen, et, par suite, tant qu'elle peut conduire au but, elle doit y être sacrifiée. Mais il faut, en cela, savoir reconnaître le point extrême, car le dépasser serait marcher à la défaite.

Telle est, dans l'offensive stratégique, la progression que suit l'épuisement de la prépondérance des forces de l'attaque. Le phénomène est si constant que, sans avoir à en citer des exemples, nous avons dû en rechercher les véritables causes. C'est seulement depuis l'apparition de Bonaparte que l'on a vu des campagnes se poursuivre, entre peuples civilisés, sans interruption de la prépondérance de l'attaque depuis l'ouverture des hostilités jusqu'à la chute de l'adversaire. Avant lui, chaque campagne prenait fin en ce que l'armée victorieuse cherchait à gagner un point où elle pût seulement se maintenir en équilibre. Dès lors, l'action de la victoire s'arrêtait et, parfois même, la retraite devenait nécessaire. A l'avenir ce phénomène se présentera de nouveau dans toutes les guerres où l'action militaire ne visera pas au *renversement* de l'adversaire, et ces guerres seront toujours les plus nombreuses. Tous les plans de campagne doivent donc naturellement tendre vers le point où l'offensive se transforme en défensive.

Dépasser ce point n'entraîne pas seulement une dépense inutile mais même une dépense dangereuse des forces, car on provoque ainsi des chocs en retour dont la puissance, l'expérience l'enseigne, est absolument disproportionnée. Ce dernier phénomène est si naturel et si général, que nous nous bornerons, parmi toutes les causes qui l'amènent, à ne citer que les deux principales : le défaut d'organisation du pays nouvellement conquis et l'extrême déception qui s'empare des esprits lorsque des pertes considérables viennent tout à coup interrompre une série de succès que l'on croyait encore pouvoir étendre. Les forces morales, le courage et l'enthousiasme d'un côté et l'abattement de l'autre, prennent d'habitude, en pareil cas, des dimensions inusitées. Les dangers et les pertes de la retraite en deviennent plus grands et, généralement, l'envahisseur doit s'estimer heureux lorsqu'après avoir évacué tout le terrain conquis il peut s'en tirer sans rien perdre de son propre territoire.

Ici se présente une apparence de contradiction.

On pourrait croire que l'envahisseur, qui conserve la supériorité de ses forces tant qu'il va de l'avant pour ne la perdre qu'au moment où il s'arrête, ne court néanmoins pas le danger de se trouver tout à coup plus faible que son adversaire, par la raison que la forme défensive qu'il adopte alors est la plus forte des deux formes de la guerre. — Il n'en est pas ainsi, cependant, et il ressort de l'étude de l'histoire que c'est précisément au moment où l'attaque cesse et se transforme en défensive que le revirement présente fréquemment le plus de danger. Voyons quelles peuvent être les raisons de ce fait.

La supériorité que nous avons accordée à la forme défensive consiste dans :

1° l'emploi du terrain,

2° la possession d'un théâtre de guerre organisé,

3° l'appui des populations,

4° l'avantage de l'expectative.

Il est clair que ces quatre éléments de supériorité ne se présentent pas invariablement dans la même mesure, et qu'ils n'exercent pas toujours la même action. Il y a donc des différences dans les diverses applications, et, par suite, la supériorité de la défensive n'est pas toujours aussi marquée. C'est particulièrement le cas pour la défensive à laquelle se trouve fatalement réduit l'attaquant lorsqu'il est parvenu à son point extrême de pénétration sur un théâtre de guerre généralement placé au sommet d'un triangle offensif très allongé. En pareille occurrence, son action défensive ne dispose, en entier, que du premier des quatre éléments que nous venons de signaler, *l'emploi du terrain;* la plupart du temps le second lui fait complètement défaut, le troisième est négatif et le quatrième est fort affaibli. Nous avons déjà dit, quant au dernier de ces éléments, que l'avantage que la défense tire de sa situation expectante provient de l'équilibre imaginaire en raison duquel tant de campagnes se poursuivent d'un bout à l'autre sans résultat, parce que celui des deux adversaires auquel revient l'action positive manque de l'énergie et de la résolution nécessaires. Mais, lorsqu'un acte offensif trouble cet équilibre, menace les intérêts de l'ennemi et l'incite à agir, il y a grande vraisemblance que celui-ci sortira de sa stupeur et de son indécision. Or, une défensive organisée sur un territoire récemment conquis présente un caractère bien autrement provocateur qu'une défensive prise en terrain national ; la première, en effet, conserve en elle une partie du principe offensif dont elle est issue, ce qui modifie essentiellement sa nature. — Daun n'eût certainement pas laissé à Frédéric II, en Bohême, la tranquillité qu'il lui laissa en Silésie et en Saxe.

Il est donc certain que, dès qu'elle est le corollaire forcé de l'attaque, l'action défensive est affaiblie dans son essence et n'a plus, sur la forme contraire, la supériorité qu'elle possède en principe. Or, de même qu'il n'est pas de campagne défensive dépourvue de toute action offensive, il n'est pas de campagne offensive où ne se rencontrent des éléments de défense, par la raison que, en dehors même des courtes périodes pendant lesquelles les armées opposées se trouvent l'une et l'autre sur la défensive, toute offensive qui ne se continue pas jusqu'à la paix doit nécessairement finir en défensive.

On voit donc que ce sont précisément les éléments de défensive que l'attaque porte en elle-même, et auxquels il lui faut forcément recourir tôt ou tard, qui contribuent à l'affaiblir ou, en d'autres termes, que le vice originel de toute attaque est de devoir fatalement se transformer en défensive désavantageuse.

C'est ainsi que s'explique comment la supériorité absolue que les forces de l'attaque ont dans le principe sur celles de la défense va peu à peu en diminuant. Il nous reste maintenant à prouver que cette supériorité peut complètement disparaître et passer même momentanément du côté de la défense.

Pour nous mieux faire comprendre nous aurons recours à une comparaison. Une force dont l'action continue est susceptible d'arrêter un corps en mouvement ne produit cet effet que peu à peu et n'y parvient pas si le temps nécessaire lui fait défaut. Dans maintes circonstances le monde intellectuel est soumis à cette loi du monde physique. Lorsque l'homme est lancé dans une certaine direction, il ne suffit pas d'un motif plausible pour l'en détourner, et le temps, le calme et les impressions successives du raisonnement le portent seuls à s'arrêter. Il en est ainsi à la guerre. Lorsque, de part et d'autre, l'esprit suit une direction déterminée, d'un côté pour arriver au but, de l'autre pour gagner le port du salut, il peut facilement arriver que les motifs qui sollicitent l'un des adversaires à s'arrêter et l'autre à aller de l'avant ne se fassent pas sentir dans toute leur force, et que, par suite, emportée par le mouvement l'attaque compromette l'équilibre en dépassant sans s'en apercevoir le point limite de pénétration. Il peut même se faire que, malgré l'épuisement de ses forces physiques mais sollicitée par les forces morales qui se rencontrent de préférence en elle, et semblable en cela à ces chevaux ardents qui d'un seul coup de collier font gravir une côte escarpée à la charge à laquelle ils sont attelés, l'attaque estime avoir moins de dangers à aller de l'avant qu'à s'arrêter.

Nous croyons avoir ainsi démontré, sans crainte d'être contredit, comment l'attaquant peut dépasser le point où, en s'arrêtant et en passant à la défensive, il pourrait encore tenir tête à son adversaire et par conséquent rester en équilibre. Il est donc, de part et d'autre, très important de savoir déterminer ce point dans le plan de campagne, pour l'attaquant de peur qu'entreprenant plus qu'il ne peut faire il ne s'endette pour ainsi dire, et, pour le défenseur, afin de reconnaître et d'utiliser la faute si l'adversaire s'y laisse tomber.

Jetons maintenant un coup d'œil rétrospectif sur tous les objets dont le général en chef a à tenir compte dans

cette appréciation, et n'oublions pas qu'il ne peut juger
de la valeur des plus importants d'entre eux qu'en la
déduisant d'une foule de considérations et de rapports
plus ou moins éloignés. Ici il lui faut en quelque sorte
tout *deviner;* deviner si l'armée ennemie gagnera en
force et en cohésion après le premier choc, ou si, semblable aux flacons de verre de Bologne, elle ne se
réduira pas en poussière au moindre contact; deviner
quel sera l'effet moral que l'épuisement de certaines
ressources et l'interruption de certaines communications produiront sur l'état militaire de l'adversaire;
deviner si celui-ci se laissera abattre par les coups qui
lui seront portés, ou si, comme le taureau blessé, il ne
se relèvera pas plus furieux; deviner, enfin, quelle
influence les événements exerceront sur les autres puissances et quelles seront, par suite, les alliances politiques qui se formeront ou se dénoueront. Le général en
chef ne peut découvrir tout cela qu'à force de finesse, de
tact et de jugement ; mille détours se présentent à son
esprit et le peuvent égarer, et, s'il ne se perd pas dans
l'enchevêtrement, la multiplicité et la variété des
objets, il peut encore hésiter devant le danger et la
responsabilité.

C'est ainsi que le plus grand nombre des généraux
aiment mieux rester bien en deçà du but que d'en trop
approcher, et qu'un esprit entreprenant et courageux le
manque parfois en le dépassant. — Celui-là seul réussit
qui sait faire de grandes choses avec de faibles moyens.

CHAPITRE VI.

DESTRUCTION DES FORCES ARMÉES DE L'ENNEMI.

La destruction des forces armées de l'adversaire est le seul moyen d'arriver aux fins de la guerre.

Que convient-il d'entendre par là et comment peut-on y parvenir?

Examinons la question sous ses différents aspects.

1° On peut se borner à ne détruire des forces armées de l'ennemi que ce qui est strictement nécessaire à l'obtention du but cherché.

2° On peut porter la destruction à ses plus extrêmes limites.

3° On peut viser, avant tout, à la conservation de ses propres forces.

4° On peut même aller si loin dans ce sens, qu'on ne recherche la destruction des forces de l'adversaire que lorsque l'occasion favorable s'en présente. — Le lecteur se rappellera que nous avons déjà montré, au chapitre III de ce livre, que l'offensive stratégique n'a parfois pas d'autre objet.

Le combat seul peut conduire, par deux voies différentes, à la destruction des forces armées :

1° Directement.

2° Indirectement, par des combinaisons de combats.

La bataille générale, bien qu'elle soit le moyen principal, n'est donc pas l'unique moyen d'arriver au but. Il est d'autres procédés, en effet, la prise d'une place forte ou l'occupation d'une portion de territoire, par exemple, qui constituent à la fois un moyen de destruction directe et un moyen de destruction indirecte des forces de l'ennemi, par la raison qu'une fois obtenus ces premiers résultats peuvent aider à en atteindre de plus considérables.

L'occupation d'une province non défendue, en dehors même de sa valeur comme résultat acquis, doit donc aussi être considérée comme un amoindrissement des forces de l'adversaire. Il en est à peu de chose près de même de l'abandon, par ce dernier, d'une portion du territoire occupé par lui. Le fait ne peut, en somme, être apprécié qu'à ce point de vue, car il ne constitue pas, à proprement parler, un succès obtenu par les armes. On s'exagère la plupart du temps la portée de ces moyens ; ils ont rarement la valeur d'une bataille. Ils tentent par la modicité de leur prix, mais on a toujours à craindre de ne pas s'apercevoir des désavantages de la situation à laquelle ils conduisent ; ils n'exigent que de faibles enjeux, mais il ne rapportent que des gains médiocres ; ils trahissent enfin une situation gênée ou une direction sans énergie. Il faut cependant les préférer aux batailles sans but et aux victoires sans portée ultérieure.

CHAPITRE VII.

LA BATAILLE OFFENSIVE.

Ce que nous avons dit de la bataille défensive jette déjà une lumière considérable sur la bataille offensive. Nous avions alors essentiellement en vue l'action du défenseur. Il est peu de batailles, cependant, où la défensive conserve ce caractère absolu et, la plupart d'entre elles n'étant à peu près que des *rencontres*, le caractère défensif y est bien moins accentué. Le caractère offensif, au contraire, persiste dans toutes les conditions et s'affirme d'autant plus, dans une bataille, que le défenseur s'y trouve moins dans son élément. Néanmoins, aussi bien dans les batailles où le caractère défensif est peu prononcé que dans celles même qui ne sont absolument que des rencontres, l'action conserve toujours, chez chacun des adversaires, une partie de son caractère originel.

Dans une bataille, le caractère offensif se manifeste surtout par des mouvements enveloppants et tournants. — C'est l'attaquant qui livre la bataille.

L'action tactique au moyen des lignes enveloppantes présente manifestement de grands avantages, et l'attaque aurait tort d'y renoncer parce que la défense a.

de son côté, un moyen à opposer à cette action. Ce moyen, en effet, n'est efficace que lorsque le défenseur se trouve dans les meilleures conditions de résistance. Pour envelopper efficacement l'attaquant dans son propre mouvement d'enveloppement, il lui faut tout d'abord occuper une position bien choisie et bien préparée, mais en outre, et cela a encore plus d'importance, il ne dispose pas toujours de la totalité des avantages de la forme défensive et, dans la majorité des cas, inquiet, gêné et réduit aux expédients, il préfère ne pas attendre l'attaque et marcher à sa rencontre, de sorte qu'au moment où celle-ci se produit il en est réduit à ne prendre que des dispositions hâtives et de circonstance. D'où il suit que les batailles au moyen des lignes enveloppantes ou à front oblique, que l'attaque ne devrait livrer qu'en raison seulement de la disposition avantageuse de ses lignes de communications, sont généralement la conséquence de sa grande supériorité physique et morale — Marengo, Austerlitz, Iéna. — Quand il livre une première bataille, d'ailleurs, l'attaquant peut se montrer plus audacieux que dans les suivantes, car, en raison du peu d'éloignement de la frontière, si sa base n'est pas supérieure à celle de son adversaire elle est du moins en général très étendue. La bataille à front oblique ou attaque de flanc est, du reste, plus efficace encore que la bataille enveloppante, et c'est se faire une idée absolument fausse de croire que, pour pouvoir combattre dans cet ordre, il faille avoir marché dès le principe suivant des lignes convergentes comme à Prague. Cette disposition présente très peu de chances de réussite, nous le montrerons dans le chapitre où nous traiterons de *l'attaque d'un théâtre de guerre*, et, par suite, il est fort rare qu'on la prenne en vue de la première bataille à livrer.

Si, dans une bataille défensive, le général en chef a

tout intérêt à retarder le plus possible la décision afin de gagner du temps parce qu'une bataille défensive encore indécise au moment du coucher du soleil peut généralement être considérée comme gagnée, le général en chef a au contraire tout intérêt à obtenir promptement la victoire dans une bataille offensive. Il ne faut pas perdre de vue, cependant, qu'une trop grande précipitation peut ici conduire au gaspillage des forces, ce qui constitue un grand danger.

L'incertitude dans laquelle on est généralement de la situation de l'adversaire est l'un des caractères particuliers de la bataille offensive, et, dans la plupart des cas, le général en chef y navigue à pleine voile dans l'inconnu — Austerlitz, Wagram, Hohenlinden, Iéna, la Katzbach. — Plus il en est ainsi et plus il convient de préférer les mouvements tournants aux mouvements enveloppants.

Nous avons déjà dit, au chapitre XII du livre *du Combat*, que c'est dans la poursuite que se récoltent les principaux fruits de la victoire. Or il est dans la nature des choses que la poursuite fasse plus intégralement partie de l'action dans la bataille offensive que dans la bataille défensive.

CHAPITRE VIII.

PASSAGE DES RIVIÈRES.

1. Tout cours d'eau de quelque importance qui coupe la direction suivie par l'attaquant constitue pour celui-ci une grande cause de gêne. Dès qu'il en effectue le passage, en effet, ses communications se trouvent généralement réduites à un seul pont, ce qui, à moins qu'il n'en reste à très grande proximité, réduit aussitôt tous ses moyens d'action. Que, dans ces conditions, l'attaquant songe à livrer un combat décisif ou que le défenseur vienne lui-même l'y contraindre, le premier se trouve dans une situation si dangereuse qu'il ne la peut raisonnablement affronter qu'au cas où il possède une très grande supériorité morale et physique.

2. Cette difficulté, pour l'attaque, de laisser une rivière sur ses derrières, permet à la défense de faire beaucoup plus fréquemment usage de ce procédé de résistance qu'elle ne le pourrait faire sans cela. Si nous supposons, en effet, en dehors des circonstances où l'on y recourrait comme au moyen suprême de salut, que la défense d'une rivière soit organisée de telle sorte qu'en cas de non-réussite le défenseur puisse encore reprendre le combat à un faible éloignement de la rive,

l'attaquant devra nécessairement faire entrer dans le calcul de la résistance qu'il rencontrera tous les avantages que, dans le paragraphe précédent, nous venons de reconnaître appartenir à la défense. Telles sont les causes de la crainte qui s'empare d'habitude des généraux en chef en présence d'une rivière défendue.

3. Nous avons déjà vu, dans le livre précédent, que par elle-même et dans certaines conditions la défense des cours d'eau promet d'excellents résultats. Or il est d'expérience que ces conditions se présentent bien plus fréquemment que la théorie ne le laisse espérer, par la raison qu'elle doit appuyer ses affirmations sur des données effectives, tandis que, dans l'application, l'attaque estime généralement les difficultés à surmonter bien au-dessus de ce qu'elles sont réellement, ce qui contribue encore à paralyser son action.

Qu'il s'agisse maintenant d'une offensive sans direction énergique et ne recherchant pas de grandes solutions, on peut affirmer qu'au courant de l'action il surgira une quantité de hasards et d'obstacles dont la théorie ne saurait tenir compte et qui tourneront au désavantage de l'attaquant, par le fait même qu'ayant l'initiative il entrera le premier en conflit avec eux. Il suffit, à ce propos, de se rappeler avec quel succès, malgré leur faible importance, les cours d'eau de la Lombardie ont souvent été défendus. Si, par contre, il se rencontre aussi, dans l'histoire des guerres, des défenses de rivière qui n'ont pas produit ce qu'on en attendait, cela tient à ce que, s'exagérant l'efficacité de ce moyen révélé par l'expérience, on a parfois voulu en tirer des effets absolument disproportionnés et qui ne répondaient pas à sa nature tactique.

4. Le défenseur commettrait une grande faute de placer tout son espoir dans la défense d'un cours d'eau. Il s'exposerait ainsi aux plus grands embarras, voire

même à une véritable catastrophe. Comme il est incontestablement plus facile de forcer le passage d'une rivière que de vaincre en bataille rangée, en recourant à ce procédé dans ces conditions, le défenseur rendrait la victoire plus facile à son adversaire.

5. De tout ce qui précède il résulte que, si la défense des cours d'eau est très efficace quand l'attaquant ne recherche pas de grandes solutions, dans toutes les circonstances où la supériorité ou l'énergie de celui-ci laisse supposer le contraire, ce procédé de résistance employé mal à propos peut tourner au désavantage positif du défenseur.

6. Il est peu de lignes défensives fluviales que l'on ne puisse tourner en grand par l'une de leurs extrémités ou forcer en quelque endroit de leur parcours. Un attaquant supérieur en nombre et recherchant les coups de vigueur est donc presque toujours en situation de faire une démonstration sur un point et de passer sur un autre, car sa supériorité numérique lui permet de risquer la chose, lors même qu'après avoir effectué le passage il lui faudrait d'abord, et pendant quelque temps, combattre dans des conditions désavantageuses. Il en résulte que, dans le sens littéral du mot, exécuter tactiquement le passage de vive force d'un cours d'eau, en repoussant de ses rives l'un des grands postes de l'ennemi chargés de le défendre, constitue une opération si rare qu'on la doit à peu près tenir pour irréalisable, et que, toutes les fois qu'on entend citer le fait, il le faut considérer comme le résultat d'une action stratégique dans laquelle l'attaquant, fort de sa supériorité numérique et bravant tous les désavantages dans lesquels il pouvait tomber, est parvenu à surprendre son adversaire en un endroit peu ou point défendu par celui-ci. En pareille occurrence, ce que l'attaquant peut faire de plus dangereux c'est de

passer réellement le cours d'eau sur plusieurs points à la fois, à moins pourtant que ces points ne soient assez rapprochés les uns des autres pour permettre la concentration rapide de ses troupes en vue d'une bataille générale. En effet, les forces du défenseur étant nécessairement divisées, si l'attaquant fractionne aussi les siennes, il perd nécessairement une partie de ses avantages naturels. C'est ainsi que Bellegarde se fit battre sur le Mincio en 1814, quand, par un effet du hasard, les deux armées opposées ayant en même temps effectué le passage du fleuve dans le même sens et sur plusieurs points à la fois, les Autrichiens se trouvèrent plus divisés que les Français.

7. Lorsque le défenseur reste sur la rive occupée par l'attaquant, celui-ci dispose de deux moyens de le vaincre stratégiquement, soit en passant promptement sur l'autre rive et en l'y devançant, soit en lui livrant bataille. Bien que, dans le premier cas, la résolution doive principalement dépendre de la situation réciproque des bases et des lignes de communications, on voit fréquemment les circonstances particulières exercer ici plus d'empire que les rapports généraux. Celui des deux adversaires qui se fait le mieux obéir, qui choisit les meilleurs postes, prend les plus habiles dispositions et agit avec le plus de rapidité est, en effet, en état de moins tenir compte des difficultés générales que l'autre. Quant au second procédé, il laisse supposer que l'attaquant est en situation, a le désir et dispose des moyens de livrer bataille ; or, s'il en est ainsi, le défenseur ne choisira pas volontiers cette manière de s'opposer au passage du cours d'eau.

8. Quant au résultat final, bien que le passage d'une rivière présente rarement de grandes difficultés, il faut cependant reconnaître que, dans tous les cas qui ne comportent pas de grandes solutions, cette opération

inspire généralement tant de soucis, en raison de ses suites immédiates et de ses conséquences ultérieures, que cela seul peut enrayer l'élan de l'attaquant et l'inciter, soit à demeurer en deçà du cours d'eau en y tolérant la présence du défenseur, soit, s'il se décide à le franchir, à s'en maintenir du moins à très grande proximité. Il est rare, dans le fait, de voir les deux adversaires rester longtemps l'un vis-à-vis l'autre sur les rives opposées. ·

Dans les cas même où l'on recherche une grande solution, un cours d'eau de quelque importance peut encore jouer un rôle considérable. Il affaiblit et gêne toujours plus ou moins l'offensive et ne lui devient favorable que lorsque le défenseur, s'en exagérant la valeur comme obstacle et le considérant comme une barrière tactique, commet la faute d'en faire l'objet principal de sa résistance. En agissant ainsi, le défenseur donne l'avantage à son adversaire et lui fournit l'occasion de frapper facilement un coup décisif. Ce coup ne saurait, il est vrai, amener directement la défaite complète du défenseur, mais, ainsi que le cas s'en est présenté pour les Autrichiens sur le Rhin inférieur en 1796, celui-ci peut en arriver, par une série de combats désavantageux, à une situation générale très critique.

CHAPITRE IX.

ATTAQUE DES POSITIONS DÉFENSIVES.

Nous avons précédemment montré dans quelle mesure *les positions défensives* contraignent l'agresseur à les attaquer ou à renoncer à pénétrer plus avant. On ne devrait nommer *défensives* que les positions qui sont réellement en état de produire ce résultat, car elles ont dès lors pour mission d'épuiser ou de neutraliser, en tout ou en partie, la force d'impulsion de l'attaque qui n'a rien à leur opposer à ce propos et ne dispose d'aucun moyen de contrebalancer ce désavantage. Mais toutes les positions défensives n'ont pas réellement ce caractère.

Lorsqu'une position défensive n'est pas en état de l'empêcher de poursuivre sa route et de marcher vers son but, l'envahisseur commettrait une faute de l'attaquer. Dans le cas contraire, il doit tout d'abord voir si en manœuvrant sur les flancs de la position il lui sera possible de forcer le défenseur à la quitter, et c'est seulement quand il a la certitude que ce moyen ne sera pas efficace qu'il doit se décider à attaquer une bonne position. Dès lors l'action sur les flancs étant celle qui présente le moins de difficulté, le choix du flanc à attaquer dépend de la situation et de la direction des lignes de retraites respectives. L'attaquant doit chercher à menacer celle du défenseur et à couvrir la sienne propre. Si, de ces deux conditions, une seule est réalisable, il faut naturellement donner la préférence à la première, parce que, au contraire de la seconde qui est de nature défensive, elle conserve à l'action son caractère offensif. Il importe, cependant, de reconnaître que l'attaque d'une bonne position occupée par un adversaire solide constitue toujours une action très aléatoire. Il est certain qu'il ne manque pas d'exemples, tels que Torgau et Wagram, de victoires remportées dans ces conditions par l'attaquant, — et, si nous ne citons pas ici Dresde, c'est qu'en vérité on ne peut guère parler de la solidité dont l'adversaire a fait preuve dans cette bataille, — mais, tout bien considéré, l'énorme quantité des cas, où l'on voit les généraux les plus résolus s'arrêter net devant une bonne position solidement défendue, prouve en somme qu'en pareille occurrence le danger auquel le défenseur est exposé est généralement très faible.

Les batailles que nous visons ici sont des plus rares, et l'on ne saurait les confondre avec les batailles habituelles. Celles-ci ne sont, pour la plupart, que de véritables rencontres dans lesquelles l'un des adversaires s'arrête bien, il est vrai, au moment de se heurter à l'autre, mais sur des positions non préparées, précipitamment prises et toutes de circonstance.

CHAPITRE X.

ATTAQUE DES CAMPS RETRANCHÉS.

Il fut pendant un certain temps fort à la mode de ne parler qu'avec mépris des ouvrages de campagne et de leurs effets. Les lignes en cordons de la frontière française si souvent forcées pendant les guerres précédentes, le camp retranché de Breslau où le duc de Bevern se fit battre, la bataille de Torgau et maints autres exemples appuyaient ce jugement dont l'autorité augmenta encore de toute la défaveur que les victoires que Frédéric le Grand dut à la rapidité de ses mouvements et à la puissance de ses attaques jetèrent sur le combat de pied ferme et sur la fortification passagère. Il est certain qu'une ligne de simples tranchées de plusieurs lieues d'étendue ne peut être défendue par deux ou trois mille hommes, et que des ouvrages de cette nature présenteraient de grands dangers si on en arrivait à leur accorder cette confiance trompeuse, mais n'est-ce pas faire une grossière confusion d'étendre cette conclusion à la fortification passagère elle-même ainsi que le fait Tempelhoff entre autres? A quoi serviraient donc les ouvrages de campagne si ce n'était à augmenter la force de résistance du défenseur? Et, dans le fait, l'expérience a mille fois prouvé qu'un ouvrage retranché bien organisé et suffisamment garni de défenseurs constitue souvent un point imprenable, ou que, du moins, l'attaquant respecte fréquemment comme tel. De cette puissance de résistance d'un ouvrage isolé, il faut nécessairement conclure à la très grande difficulté et, le plus souvent même, à l'impossibilité absolue de s'emparer d'un camp retranché.

Il est logique de ne placer que de faibles garnisons dans les camps retranchés, car, avec de bons obstacles naturels et de solides ouvrages de campagne, on s'y peut défendre contre un nombre très supérieur d'attaquants. Frédéric II considérait l'attaque du camp de Pirna comme irréalisable bien qu'il y pût porter un nombre d'hommes double de celui de la défense, et ce n'est qu'en se basant sur l'état d'extrême affaiblissement où se trouvaient alors les Saxons que, plus tard, on a prétendu que le Roi eût pu s'en emparer. Il resterait à savoir, d'ailleurs, si ceux-là mêmes qui ont soutenu que l'attaque en était non seulement possible mais qu'elle eût facilement pu réussir l'eussent tentée dans de semblables conditions.

Nous croyons donc que l'attaque d'un camp retranché vraiment digne de ce nom est un moyen peu habituel de l'offensive. Mais par contre lorsque le camp, établi à la hâte, ne présente pas d'obstacles considérables sur ses abords, lorsque les ouvrages n'en sont pas achevés, lorsqu'en un mot — et le cas est fréquent — le camp n'est en somme que l'ébauche de ce qu'il devrait être, alors il en faut conseiller l'attaque car elle peut facilement conduire à la victoire.

CHAPITRE XI.

ATTAQUE DES MONTAGNES.

Les rapports stratégiques qui existent entre les montagnes et la défense et que nous avons développés dans les chapitres XV, XVI et XVII du livre de *la défensive* jettent déjà une lumière suffisante sur l'influence générale que ce genre d'obstacles exerce sur l'offensive. Nous avons alors fait voir dans quelles conditions une montagne constitue réellement une ligne de défense, et nous pouvons en déduire quels sont, à ce propos, ses rapports avec l'offensive. Nous en sommes arrivé à cette conclusion principale que l'on peut entreprendre la défense d'une montagne aux deux points de vue très différents d'un combat subordonné ou d'une bataille générale, et que, si, dans la première hypothèse, les désavantages sont pour l'attaque parce qu'alors tous les obstacles sont contre elle, dans la seconde au contraire tous les avantages sont de son côté.

Un attaquant assez fort et assez résolu pour rechercher les grandes solutions trouvera donc certainement son compte à joindre le défenseur dans les montagnes.

Mais, nous l'avons déjà dit et devons encore le répéter, l'opinion que nous émettons ici a toutes les apparences contre elle, et, au premier aspect, l'expérience semble la contredire. Jusqu'ici en effet, et dans la plupart des invasions, on a vu les armées attaquantes, qu'elles recherchassent ou non les grandes solutions, regarder comme une chose extraordinairement favorable de devancer le défenseur dans les zones montagneuses qu'elles avaient à traverser. Cela ne prouve rien contre notre raisonnement, et nous reconnaissons qu'en pareil cas l'intérêt de l'attaque est de devancer son adversaire sur ces points importants. Ici cependant il faut faire une distinction.

Lorsque, marchant à la rencontre de l'ennemi pour lui livrer une bataille générale, une armée envahissante doit franchir une zone montagneuse qu'elle sait ne pas être occupée par le défenseur, elle a néanmoins toujours à craindre qu'au dernier moment celui-ci ne lui dispute les défilés par lesquels elle devra passer. En pareil cas, l'attaque ne saurait compter sur l'efficacité habituelle de son action contre les positions prises par son adversaire en terrain montagneux. Le défenseur, en effet, n'a pas ici à éparpiller ses forces comme dans la défense générale d'une montagne, car les défilés à défendre lui sont indiqués d'avance par les directions que suivent les colonnes de l'attaque, directions que cette dernière est obligée de leur donner sans avoir elle-même, par contre, aucune indication préalable des dispositions de son adversaire. Dans ces conditions, l'attaquant peut trouver le défenseur dans une position inattaquable, et, par suite, les avantages que dans le livre de la *défensive* nous avons reconnus être du côté du premier passent alors du côté du second. Cependant quand on réfléchit aux difficultés que rencontrera toujours le défenseur à s'organiser au dernier moment sur une bonne position, alors surtout qu'il l'aura jusque-là laissée inoccupée, il faut reconnaître que ce procédé défensif ne peut être que très insuffisant et que le danger dont il menace l'attaque est des plus problématiques. Mais comme, quelque invraisemblable qu'il soit, le cas peut néanmoins se présenter, il convient d'en tenir compte, car à la guerre les événements justifient souvent des précautions qui paraissent tout d'abord passablement inutiles.

Il peut aussi se faire que, n'ayant l'intention de s'y maintenir que pendant un certain temps, le défenseur se contente de placer dans la montagne une avant-garde ou une chaîne de postes avancés. Ce procédé ne saurait lui être très avantageux; mais l'attaquant n'étant pas dans la confidence doit agir ici comme si la défense devait se prolonger.

Nous reconnaissons, d'ailleurs, que le caractère d'un terrain montagneux peut contribuer à rendre certaines positions inattaquables, mais c'est surtout en dehors des montagnes proprement dites que l'on rencontre ce genre de positions — Pirna, Schmottseifen, Meissen, Feldkirch, — et c'est précisément ce qui les rend plus fortes. On en peut trouver aussi dans les montagnes, — sur les hauts plateaux particulièrement, — dans lesquelles le défenseur ne serait plus soumis aux désavantages habituels des positions défensives en terrain montagneux, mais ce sont là des cas si rares que la théorie n'en peut parler que comme de véritables exceptions.

L'histoire des guerres montre combien les montagnes favorisent peu l'action décisive de la défense. On y voit sans cesse les grands généraux quitter les hauteurs pour se porter dans la plaine dès qu'il s'agit d'une bataille générale. C'est uniquement dans les guerres de la Révolution en 1793 et 1794 dans les Vosges, et en 1795, 1796 et 1797 en Italie que l'on rencontre — manifestement par fausse analogie et par fausse application du principe — des exemples de recherche de solution dans lesquels le défenseur a pris position dans les montagnes. Tout le monde a blâmé Mélas de n'avoir pas occupé les passages des Alpes en 1800, mais cette critique ne repose que sur les apparences, elle est aussi puérile qu'irréfléchie, et, si Bonaparte se fût trouvé à la place de Mélas, il eût certainement agi de la même manière.

L'organisation d'une attaque de montagne ressortissant presque uniquement à la tactique, nous nous bornerons à indiquer ici les quelques points par lesquels elle se rattache à la stratégie :

1° Dans les montagnes il faut habituellement se prolonger par d'interminables défilés, et l'on ne peut pas, comme en terrain ordinaire, dévier de la route suivie ou répartir la masse des troupes en deux ou trois colonnes selon les besoins du moment. Il faut donc généralement n'y pénétrer que par plusieurs routes ou, mieux encore, sur un front un peu plus large.

2° Contre une ligne de défense très étendue l'attaque doit naturellement opérer avec toutes ses forces concentrées. Comme on ne saurait dès lors songer à exécuter un mouvement d'enveloppement général, pour obtenir un succès décisif il faut attaquer directement la ligne, la couper et la séparer de ses ailes. En pareil cas l'attaquant est naturellement porté à menacer promptement et sans interruption la principale ligne de retraite du défenseur.

3° Si, par contre, le défenseur a pris une position plus concentrée, l'attaque doit surtout recourir aux mouvements tournants, parce que, sur le front, elle se heurterait aux points les plus forts et les mieux défendus. Comme tout à l'heure, cependant, il faut encore ici plutôt tendre à couper l'ennemi qu'à l'attaquer tactiquement sur ses côtés ou sur ses derrières, car, dans les montagnes et sur ces points mêmes, une position suffisamment garnie de défenseurs peut encore opposer une résistance considérable. Dans ces conditions, ce qui peut le plus promptement assurer le succès de l'attaque c'est d'inspirer à l'ennemi la crainte d'être coupé de sa ligne de retraite. Or cette crainte se produit plus vite ici qu'en terrain ordinaire et agit plus vigoureusement sur l'esprit du défenseur, par la raison que, le cas échéant, il lui est plus difficile de s'ouvrir un chemin de vive force. Une simple démonstration ne saurait cependant suffire, car, lors même qu'elle inquiéterait assez le défenseur pour le porter à abandonner la position, elle ne produirait du moins aucun résultat considérable. Il s'agit donc réellement de couper l'ennemi de sa ligne de retraite.

CHAPITRE XII.

ATTAQUE DES LIGNES EN CORDON.

En raison de la longueur excessive de leur développement les lignes en cordon se prêtent encore moins que les cours d'eau et les montagnes à l'action de la défense dans une bataille générale. Ce procédé défensif tourne donc à l'avantage de l'attaque quand celle-ci vise un grand résultat. Citons, comme exemple à ce propos, les lignes de Denain dont en 1712 la perte entraîna pour le prince Eugène des conséquences absolument identiques à celles d'une défaite dans une grande bataille, tandis que le maréchal de Villars n'eût que très difficilement obtenu un pareil succès s'il eût attaqué son adversaire sur une position concentrée. Lorsque, par contre, l'envahisseur n'est pas en situation de rechercher un résultat décisif, il doit respecter des lignes en cordon occupées par le gros de la défense, ainsi que fit en 1703 le même maréchal de Villars pour les lignes de Stollhofen défendues par le prince Louis de Bade. Mais, lorsque le défenseur n'y place qu'une partie subordonnée de ses forces, il ne s'agit plus pour l'attaque que de déterminer la quantité de troupes par lesquelles elle les fera enlever. La plupart du temps elle ne rencontre alors que peu de résistance et doit se contenter d'un résultat modeste.

Les lignes de circonvallation, dans la guerre de siège, ont un caractère qui leur est propre et que nous étudierons dans le chapitre de *l'attaque d'un théâtre de guerre*.

Les chaînes renforcées d'avant-postes et les autres dispositions en forme de cordon ont toutes la particularité d'être faciles à enlever, mais, à moins qu'on ne les force pour pénétrer plus avant et arriver ainsi à une solution, l'opération ne produit pas grand résultat et ne vaut pas la peine qu'elle coûte.

CHAPITRE XIII.

DES MANŒUVRES STRATÉGIQUES.

1. Nous avons abordé ce sujet dans le livre de *la défensive*, mais, bien qu'il soit commun à l'une et à l'autre des deux formes de l'action à la guerre, par sa nature même il ressortit davantage à la forme attaquante. Nous allons donc en achever ici l'étude.

2. On ne recourt pas seulement aux manœuvres stratégiques quand on ne veut pas procéder à l'action avec violence et par de grands combats, mais bien encore lorsque l'on tient à éviter tout moyen offensif direct tel que l'action sur les lignes de communications ou de retraite de l'ennemi, les diversions, etc.

3. Pour définir les manœuvres stratégiques d'après l'usage que l'on en fait, nous dirons que, nées d'un état d'équilibre réciproque et commencées sans motifs déterminants précis, ce sont des actions par lesquelles on cherche à induire l'adversaire en erreur et à lui faire commettre des fautes. Ce sont les premiers coups portés sur l'échiquier. C'est un jeu de *péréquation des forces* dans lequel on tire parti de tout ce qui peut procurer quelque supériorité sur l'adversaire.

4. Les objets qui prennent ici le plus d'intérêt, soit comme but soit comme points d'appui de l'action, sont les suivants :

a) Les moyens de subsistance que l'on cherche à enlever en tout ou en partie à l'adversaire.

b) La réunion des différents corps.

c) La menace d'interrompre les communications de l'ennemi avec l'intérieur du pays ou avec d'autres armées ou corps d'armée.

d) La menace de couper sa ligne de retraite.

e) L'attaque des points isolés au moyen de forces supérieures.

Chacun de ces intérêts peut se rencontrer dans l'un des éléments constitutifs d'une situation quelconque, et ces éléments deviennent ainsi le centre autour duquel tout se meut pendant un certain temps. Un pont, une route, un ouvrage de campagne jouent souvent alors le rôle principal, et, dans chacun de ces cas, il est facile de démontrer que ces éléments ne prennent ainsi d'importance qu'en raison seulement du rapport qu'ils ont avec les intérêts que nous venons d'indiquer.

5. Dans ces conditions, quand une manœuvre stratégique réussit — et ici l'initiative peut aussi bien venir du défenseur que de l'attaquant, — elle vaut à celui qui l'a entreprise la possession d'un magasin, d'une portion de territoire ou de quelque objet de valeur analogue.

6. Dans toute manœuvre stratégique, l'initiative prise par l'un des adversaires provoque une contre-manœuvre de la part de l'autre. Selon que le premier adopte pour son action la forme enveloppante ou la forme convergente, le second concentre ses forces sur ses lignes intérieures ou les répartit en postes nombreux. Dans chacun de ces cas l'action générale prenant l'aspect d'une

manœuvre différente, on en a déduit des règles et des
maximes distinctes aussi fausses les unes que les autres,
tandis que les quatre membres des deux antithèses constituent foncièrement les parties intégrantes indispensables d'une seule et même chose et doivent être considérés comme tels.

7. Dans la première antithèse, il est absolument impossible de dire quel est celui des deux membres auquel,
d'une façon générale, il convient de donner la préférence. Il faut cependant reconnaître que la concentration des forces de l'attaqué est le véritable contre-
poids et l'antidote naturel de l'action enveloppante de
l'attaquant, et qu'en agissant comme ils le font ici,
c'est-à-dire le premier en restant sur ses lignes intérieures et le second en cherchant à entourer l'autre,
les adversaires adoptent précisément la forme d'action
qui convient le mieux au rôle que chacun d'eux a à
remplir. C'est là ce qui fait que, des deux antithèses,
on voit plus fréquemment la dernière se produire. En
pareil cas la prépondérance doit rester à celle des
deux formes qui est le plus habilement maniée.

8.- Les membres de la seconde antithèse ne se subor-
donnent pas davantage l'un à l'autre. Le plus fort des
deux adversaires peut répartir ses troupes en plusieurs
postes, ce qui, à bien des points de vue, diminue leurs
fatigues et lui procure à la fois une situation stratégique
meilleure et une action plus commode. Le plus faible,
au contraire, doit se tenir plus concentré et chercher à
compenser le désavantage qui en pourrait résulter pour
lui par une grande mobilité; mais, pour en arriver là,
il lui faut nécessairement montrer un degré supérieur
d'habileté dans les marches et exiger moralement et
physiquement d'extrêmes efforts de la part des troupes,
résultat final auquel nous parviendrons toujours si nous

restons partout conséquents avec nous-mêmes et que nous considérons, par suite, en quelque sorte comme la preuve logique de notre raisonnement. Ce sont les manœuvres stratégiques de Frédéric le Grand contre Daun en 1759 et 1760 et contre Laudon en 1761, ainsi que celles de Montecuculli contre Turenne en 1673 et 1675 qui nous ont particulièrement confirmé dans cette manière de voir; or ces manœuvres ont toujours passé pour les modèles du genre.

9. De même qu'il faut éviter de déduire de fausses maximes et de fausses règles de l'emploi des membres de chacune de ces deux antithèses, il faut aussi se bien garder d'accorder au terrain, à la base et aux autres rapports généraux plus de valeur qu'il ne leur en revient réellement dans la question. Moins le résultat que l'on cherche à atteindre par une manœuvre stratégique est important, moins les rapports généraux exercent d'influence, et plus les considérations de temps et de lieu en acquièrent. Au point de vue général on ne saurait imaginer une situation plus illogique que celle dans laquelle se plaça Turenne en 1675 lorsque, s'étant formé le dos au Rhin sur une étendue de trois milles (22 kilomètres), il ne conserva pour toute ligne de retraite qu'un pont situé en arrière de son extrême aile droite, et cependant ces dispositions atteignirent leur but, et c'est avec raison qu'on les cite comme des modèles d'art et d'habileté. Un pareil résultat ne se peut expliquer que lorsque, s'éloignant des considérations générales, on entre dans celles de détail pour leur accorder la valeur qui leur revient dans les cas particuliers.

10. Nous avons donc la conviction qu'il n'existe pas de règles pour les manœuvres stratégiques et qu'il n'est pas de principe général d'où l'on puisse déduire

la valeur de leur action, mais qu'exécutées avec une
activité supérieure, de l'ordre, de la précision, de la
discipline et de l'intrépidité elles peuvent procurer des
avantages sensibles dans les circonstances les plus ordinaires comme dans les cas les plus particuliers. C'est
donc de ces qualités que la victoire doit dépendre dans
ce genre de lutte.

CHAPITRE XIV.

ATTAQUE DES MARAIS, DES INONDATIONS, DES FORÊTS.

Dans le livre de *la Défensive* nous avons déjà vu que les marais — et sous cette expression il faut aussi entendre les prairies impraticables — présentent des difficultés spéciales à l'attaque tactique lorsqu'on ne les peut traverser que sur un petit nombre de chaussées. Par cette raison, quand la largeur de ces obstacles ne permet pas de les fouiller à coups de canon pour en chasser le défenseur, on cherche à les éviter et à les tourner dans l'action stratégique.

Si, dans maintes contrées basses où la culture est très développée et les moyens de passage très nombreux, le défenseur peut encore à la vérité opposer à l'attaque une résistance relative assez forte, il ne peut plus du moins songer à résister d'une façon décisive et absolue. Par contre, dans certains États où l'on dispose de moyens assez puissants pour augmenter les difficultés de l'invasion en inondant tout le bas pays, la résistance peut être portée à l'extrême et faire échouer les plus formidables efforts. La Hollande en a donné l'exemple. En 1672, après avoir pris et occupé toutes les places fortes situées en dehors du terri-

toire submergé, l'armée française disposait encore
de 50,000 hommes qui, sous Condé d'abord puis sous
Luxembourg, ne parvinrent pas à forcer la ligne des
inondations bien qu'elle ne fut défendue que par
20,000 hommes. Si en 1787, au contraire, les Prussiens
sous les ordres du duc de Brunswick réussirent à forcer
les lignes hollandaises sans posséder une supériorité
numérique sensible et sans éprouver de pertes considérables, il le faut attribuer aux dissentiments politiques qui divisaient les citoyens et au manque d'unité
dans le commandement. Or il s'en est néanmoins si
peu fallu que la campagne tournât mal et que l'attaque échouât au passage de la dernière ligne d'inondation et ne parvînt pas jusqu'aux murs d'Amster-
dam, qu'il est impossible de tirer de ce résultat une
conclusiou tant soit peu générale. C'est le manque de
surveillance où les Hollandais laissèrent le lac de
Haarlem qui sauva ici les Prussiens auxquels cette circonstance permit de tourner la ligne de défense et de
se porter sur les derrières du poste d'Amselvoen. Deux
ou trois vaisseaux, placés en observation sur le lac,
eussent formellement interdit le passage au duc de
Brunswick qui en était *au bout de son latin*. Si les
choses se fussent passées ainsi, nous n'avons pas à
rechercher quelle influence cela eût exercé sur la conclusion de la paix, mais il est absolument certain qu'il
n'eût plus pu désormais être question de forcer la dernière ligne d'inondation.

Lorsqu'il est rigoureux, cependant, l'hiver est l'ennemi naturel de ce procédé défensif, ainsi que le prouve
la réussite de l'attaque des Français en 1794-1795.

Nous avons déjà reconnu que les forêts peu pratica-
bles constituent de bons instruments de résistance.
Lorsqu'elles ne sont pas profondes, cependant, deux ou

trois routes voisines les unes des autres peuvent suffire
à l'ennemi pour les traverser et se porter sur un terrain
plus favorable. Au contraire des marais et des cours
d'eau, en effet, pour lesquels c'est parfois le cas, on ne
peut jamais considérer une forêt comme un obstacle
absolument infranchissable, et, par suite, la résistance
sur les points isolés ne peut y être très considérable.
Mais, quand un vaste territoire est presque entièrement
couvert de forêts comme par exemple en Russie et en
Pologne, tant que l'attaquant n'a pu se porter au delà,
il a à lutter contre toutes sortes de difficultés pour assurer les subsistances de ses troupes, et, ne pouvant dans
l'obscurité de la forêt opposer sa supériorité numérique aux efforts incessants d'un ennemi partout présent
et toujours invisible, il se trouve dans l'une des situations les plus mauvaises qui se puissent imaginer.

CHAPITRE XV.

ATTAQUE D'UN THÉATRE DE GUERRE AVEC RECHERCHE DE SOLUTION.

Ce que nous avons précédemment dit d'un théâtre de guerre au point de vue défensif répand déjà beaucoup de lumière sur ce nouveau côté de la question.

Bien que l'idée d'un théâtre de guerre nettement déterminé ressortisse plus particulièrement à la défensive, bien que nous ayons déjà traité dans ce livre même du but de l'attaque, du point limite qu'elle peut atteindre et des objets les plus importants de son action, bien enfin qu'il nous faille réserver l'étude de sa nature pour le livre du *plan de guerre*, il nous reste cependant maints points à mettre en lumière et nous allons commencer par l'exposition d'une campagne dans laquelle on recherche une grande solution.

1° Pour l'agresseur, le premier but à atteindre est de remporter une victoire. Il ne peut, en effet, compenser tous les avantages que le fait même d'être sur la défensive assure à son adversaire que par la supériorité de ses armes ou du moins par la légère prépondérance morale que le sentiment d'aller de l'avant et d'agir offensivement donne à son armée.

On compte généralement trop sur ce sentiment qui n'a qu'une durée éphémère et ne saurait résister à des difficultés quelque peu sérieuses. — Il va de soi que nous nous représentons ici les deux formes de la guerre maniées avec une égale habileté de part et d'autre.

Cette manière d'exposer les choses peut seule nous permettre de montrer combien, en dehors des circonstances exceptionnelles, la supériorité de surprise et d'imprévu que l'on accorde d'habitude à l'offensive est vague et incertaine dans la réalité. Quant à la surprise stratégique proprement dite, nous en avons déjà parlé dans le livre précédent.

On voit ainsi dès le principe que, pour compenser les désavantages inhérents à la forme même de son action, il faut qu'à défaut de supériorité physique l'attaque ait au moins pour elle la supériorité morale, et que là où ces deux éléments lui manquent à la fois elle n'est pas dans son rôle et ne peut réussir.

2° La défense doit agir avec prudence et circonspection; l'attaque au contraire doit procéder avec confiance et hardiesse. Ce n'est pas cependant que ces qualités s'excluent nécessairement les unes les autres, mais chacune d'elles a plus d'affinité avec l'une qu'avec l'autre des deux formes de l'action à la guerre.

Ces qualités d'ailleurs ne se répartissent généralement ainsi entre les adversaires que parce que l'action, ne pouvant être le résultat d'un calcul mathématique, se meut toujours dans l'obscurité ou du moins dans un demi-jour tel qu'il en faut nécessairement de chaque côté confier la direction au chef dont le caractère et les qualités particulières paraissent le mieux répondre au but à atteindre. Plus la défense témoigne de faiblesse morale et plus l'attaque doit se montrer audacieuse et hardie.

3° Seul le choc des deux principales armées opposées

peut produire une victoire décisive. Dans l'hypothèse où l'attaquant recherche une grande solution, il doit donc diriger le gros de ses forces contre le gros de celles de la défense qui, en général, a déjà pris position. Mais nous avons vu, au livre de *la défensive*, qu'il pouvait arriver que le défenseur ait pris une position fausse, et que, dans ce cas, l'attaquant n'avait qu'à passer outre sans s'en inquiéter, certain qu'il pouvait être qu'en agissant ainsi il contraindrait son adversaire à venir à sa rencontre et, au hasard du terrain et par conséquent dans les conditions les moins avantageuses, à lui offrir lui-même le combat. Tout dépend donc du choix de la route et de la direction importante à suivre par l'attaque, question que nous n'avons pu aborder au livre de *la défensive* et que nous allons traiter ici.

4° Nous avons déjà dit quels peuvent être les objets les plus immédiats de l'action de l'attaque et, par conséquent, quels sont les buts de la victoire. Si ces objets se trouvent à l'intérieur du théâtre de guerre attaqué et dans la sphère d'action probable de la victoire, les chemins qui y conduisent sont alors les directions naturelles du choc. Il ne faut pas perdre de vue, cependant, que tout objet vers lequel tend l'attaque ne prend en général de valeur pour elle qu'en raison de la victoire qui l'en met en possession, qu'elle doit par conséquent rechercher cette victoire, et que par suite il lui importe bien moins d'atteindre l'objet lui-même que de joindre le défenseur sur la route qu'il doit prendre pour s'y porter. Cette route devient ainsi l'objectif immédiat de l'action. Joindre l'ennemi sur cette route, l'en couper et le battre c'est remporter une victoire d'un ordre supérieur. Si, par exemple, la capitale est l'objet qu'il se propose d'atteindre, à moins que dès le principe le défenseur ne lui en barre le chemin, l'attaquant aurait donc tort de se porter directement sur elle. En pareil cas, ce qu'il a de mieux à faire pour s'en emparer c'est de se diriger sur la communication qui la relie au défenseur, de se jeter sur celui-ci et de le vaincre.

Lorsque, par contre, aucun objet considérable ne se trouve dans la sphère d'action de la victoire, c'est sur les communications qui relient entre eux l'armée de la défense et le centre important le plus voisin que l'attaquant devra chercher le point qui aura pour lui le plus d'importance. Avant toute attaque il faut donc toujours se rendre compte du parti ultérieur que l'on pourra tirer de la victoire. C'est de la réponse à cette question, c'est-à-dire de la valeur de l'objet que la victoire devra faire atteindre, que dépendra la direction à donner au choc. Cette direction une fois déterminée, si le défenseur y a pris position c'est qu'il a lui-même bien compris la situation et il ne reste plus qu'à l'y aller chercher. S'il se trouve alors que la position soit trop forte, il faut faire de nécessité vertu et tenter de passer outre.

Si au contraire le défenseur n'a pas pris position sur la direction à donner au choc, l'attaquant suit tout d'abord cette direction, puis, une fois parvenu à la hauteur de son adversaire — si toutefois celui-ci n'a pas entre temps exécuté un mouvement en avant sur l'un de ses flancs, — il se dirige droit sur la ligne qui relie l'armée de la défense à l'objet qu'il veut atteindre. Si cette armée est restée immobile, l'attaquant devra se retourner contre elle et l'attaquer par derrière.

De toutes les routes entre lesquelles l'envahisseur peut alors avoir à choisir les grandes routes commerciales sont toujours les plus naturelles et les meilleures. Lorsqu'elles changent trop brusquement de direction, cependant, il faut momentanément leur préférer des voies de moindre importance mais plus directes, car une ligne de retraite qui s'écarte beaucoup de la ligne droite présente toujours de grands dangers.

5° L'attaquant quand il veut arriver à une grande solution n'a absolument aucun motif de partager ses forces. S'il le fait, néanmoins, cela prouve la plupart du temps qu'il hésite dans la direction à donner à son action. Ses colonnes doivent marcher à une distance telle les unes des autres qu'elles soient toujours en situation de se réunir pour combattre en commun. Il peut cependant recourir à de petites démonstrations, sortes de fausses attaques stratégiques, qui donneront peut-être le change à son adversaire et le porteront à s'éparpiller. Le partage des forces de l'attaque n'est logique que lorsqu'il peut amener cet heureux résultat.

La répartition nécessaire des troupes en plusieurs colonnes doit être utilisée pour l'exécution des mouvements tactiques d'enveloppement qui sont si naturels à la forme attaquante et que celle-ci ne saurait négliger sans y être absolument contrainte. Mais ces mouvements doivent strictement conserver leur caractère tactique, car ce serait inutilement dépenser ses forces que d'en consacrer une partie, pendant une bataille, à l'exécution d'un mouvement d'enveloppement stratégique. Cette manière de procéder ne serait excusable que si malgré cette dissémination de ses forces l'attaque restait assez puissante pour ne conserver aucun doute sur le résultat de l'action.

6° L'attaque a d'ailleurs aussi ses derrières et ses lignes de communications à couvrir, mais c'est par la manière même dont elle se porte en avant, c'est-à-dire par le développement du front de son armée qu'elle doit autant que possible assurer cette protection, car, lorsqu'il lui faut détourner une partie de ses forces pour les consacrer à ce service, cela diminue naturel-

lement d'autant l'intensité de son choc. Cependant,
comme une armée considérable se meut toujours sur
un front d'au moins une journée de marche, lorsque
ses lignes de communications ne s'écartent pas trop de
la perpendiculaire le front même de l'attaque suffit la
plupart du temps pour les couvrir.

Les dangers auxquels l'attaque est ainsi exposée
croissent ou diminuent en raison de la situation et du
caractère de son adversaire. Tant qu'elle poursuit avec
énergie une grande solution elle n'a cependant jamais
grand'chose à craindre, car elle ne laisse guère au
défenseur le loisir de recourir à des opérations de
ce genre ; mais, à partir du moment où, parvenue à
son point extrême de pénétration, elle en arrive peu
à peu à passer elle-même à la défensive, la nécessité
de couvrir ses derrières s'impose chaque jour plus
impérieusement à elle. Or, comme les derrières de
l'attaquant sont naturellement plus faibles que ceux du
défenseur, celui-ci peut de longue main, tout en conti-
nuant à céder du terrain et bien avant de passer à
l'offensive, commencer déjà à diriger une partie de ses
forces sur les lignes de communications de l'attaque.

CHAPITRE XVI.

ATTAQUE D'UN THÉATRE DE GUERRE SANS RECHERCHE DE SOLUTION.

1. Il peut arriver que, manquant de l'énergie ou des moyens nécessaires pour atteindre une grande solution, l'attaquant se contente de diriger son action stratégique vers un objectif d'importance secondaire.

En pareille occurrence si l'attaque réussit aussitôt que l'objectif est atteint tout rentre dans le repos et dans l'équilibre ; mais, s'il se présente quelques difficultés réelles, l'action s'arrête bien avant d'arriver au résultat cherché et se transforme, dès lors, en offensive de circonstance ou en manœuvre stratégique. Tel est le caractère général que l'on retrouve dans la plupart des campagnes.

2. Les objectifs de moindre importance, que l'attaque peut se proposer d'atteindre lorsqu'elle ne recherche pas de grandes solutions, sont les suivants :

a) La conquête d'une portion de territoire.

b) L'enlèvement d'un grand magasin.

c) La prise d'une place forte.

d) Une victoire brillante, mais sans portée ultérieure.

Voyons quels avantages l'envahisseur peut retirer de chacun de ces objets.

a) Il soulage tout d'abord son propre pays de tous les moyens de subsistance et de toutes les contributions qu'il tire de la portion du territoire ennemi dont il peut s'emparer. Cette conquête aura d'ailleurs aussi sa valeur quand s'ouvriront les négociations pour la conclusion de la paix. Enfin il arrive souvent, et cela s'est produit sans cesse dans les guerres du règne de Louis XIV, que les généraux font entrer ici l'honneur des armes en ligne de compte. La question, cependant, se présente dans des conditions toutes différentes selon que la portion de territoire ainsi conquise peut ou non être conservée. En général elle ne le peut être que lorsque, confinant au théâtre de guerre même de l'attaque, elle en forme pour ainsi dire le complément, car alors elle peut servir d'équivalent lors des négociations de paix. Quand il n'en est pas ainsi, on ne s'y maintient d'habitude que pendant la campagne même pour l'abandonner au début de l'hiver.

b) Pour constituer à lui seul l'objet de l'offensive de toute la campagne, il faut que le magasin à enlever soit considérable. Non seulement l'attaquant tirera alors directement parti de tout ce dont il privera ainsi l'ennemi, mais, en outre, celui-ci sera obligé de reculer et par suite d'évacuer une portion de territoire sur laquelle il se serait maintenu sans cela. On voit, en somme, que la prise du magasin constitue plutôt ici le moyen à employer que le but même à atteindre.

c) Nous traiterons spécialement de l'attaque des places fortes dans le chapitre suivant, et l'on verra alors l'importance capitale que ces instruments de défense ne manquent jamais de prendre dans toutes les guerres ou campagnes où l'action offensive ne peut pas tendre au *renversement absolu* de l'adversaire ou à la conquête d'une partie considérable de son territoire. On comprendra alors comment il se fait que dans les Pays-Bas, où les places fortes sont si nombreuses, la possession de l'une ou de l'autre d'entre elles ait, dans toutes les guerres, constitué l'objectif constant de l'action des deux adversaires. Le fait est si positif que, dans les circonstances mêmes où l'attaquant s'étant successivement emparé de toutes les places fortes d'une province s'est enfin trouvé maître de la province elle-même, il semblerait qu'il n'ait presque jamais fait entrer ce résultat absolu dans le programme de ses opérations, mais bien qu'il ait généralement considéré chacune des places comme une grandeur indépendante à laquelle il attachait moins d'importance pour sa valeur même qu'en raison des avantages et de l'appui qu'il en pourrait tirer pour les opérations ultérieures.

Il faut cependant que l'attaque stratégique ait un véritable intérêt à la possession d'une place pour qu'elle se décide à l'assiéger, car, à moins que la place ne soit absolument sans importance, un siège est une opération qui entraîne de grandes dépenses, ce à quoi on regarde fort dans les guerres où le sort des nations engagées n'est pas toujours en question. Moins la place est considérable, moins le siège en est sérieux, moins on s'y prépare, plus il se rapproche enfin d'une opération incidente faite *en passant* et plus cela témoigne de la portée restreinte de l'action, de la faiblesse des moyens et du peu d'ampleur des projets. Il arrive souvent même que l'attaquant, craignant qu'on ne puisse dire qu'il n'a rien fait, n'entreprend uniquement le siège que pour sauver l'honneur de ses armes pendant la campagne.

d) L'étude de l'histoire des guerres fait découvrir

maints exemples où pour récolter quelques trophées, pour sauver l'honneur des armes ou quelquefois même uniquement pour satisfaire leur ambition, des généraux ont recherché l'occasion favorable de livrer un combat, voire même un engagement général sans portée ultérieure probable. Tel a été le caractère de la plupart des batailles offensives des Français dans leurs campagnes sous Louis XIV. Il faut cependant reconnaître que cette manière d'agir n'a pas toujours l'ambition ou la vanité pour seuls mobiles, mais qu'elle peut conduire à des résultats effectifs qui exercent une influence réelle sur la paix et mènent par conséquent assez directement au but. L'honneur des armes et la supériorité morale de l'armée et de son chef sont, en effet, des éléments dont l'action invisible pénètre sans cesse tout l'acte de la guerre.

Pour engager un combat ou une bataille de cette nature, il faut avoir pour soi d'assez grandes probabilités de victoire ou, du moins, n'avoir pas trop à risquer en cas d'insuccès. — On ne saurait confondre un combat livré dans ces conditions et nécessairement restreint dans ses effets, avec une victoire dont le vainqueur néglige de tirer parti par faiblesse morale.

3. A l'exception du dernier, l'attaque peut atteindre chacun de ces objets sans engager de combats importants et c'est généralement ce qui arrive. Or ce sont précisément les intérêts que le défenseur a sur son théâtre de guerre qui indiquent à l'attaquant les moyens auxquels il peut recourir sans en arriver à des actions trop décisives. Dès lors il agit sur les lignes de communications de son adversaire et le menace dans ses moyens de subsistance, — magasins, riches contrées, routes fluviales, — ou sur d'autres points importants tels que les ponts et les défilés, etc.; il prend de fortes positions dont on ne le peut plus déloger et qui gênent

l'action de la résistance ; il occupe les villes importantes, les districts les plus fertiles et les provinces
turbulentes qui ne demandent qu'à se soulever ; il
s'acharne sur les plus faibles des alliés du défenseur, etc.

En coupant les communications de manière qu'elles
ne puissent être rétablies qu'au prix de grands sacrifices, en menaçant ces points importants, on contraint
le défenseur à prendre une position plus en arrière ou
sur le côté pour les protéger. Il abandonne ainsi une
portion de territoire dont on peut s'emparer ; il dégarnit
un lieu de dépôt ou une place forte que l'on peut assiéger. De tout cela résultent parfois, il est vrai, des combats plus ou moins importants qu'il faut alors considérer comme un mal inévitable, mais qui ne constituent
jamais le but de l'action, qu'on ne recherche pas et qui
ne sauraient dépasser un certain degré d'intensité.

4. Si, dans les guerres où l'on recherche de grandes
solutions, l'action de la défense sur les lignes de communications de l'attaque ne se peut produire que
lorsque les lignes d'opérations commencent à prendre
de vastes dimensions, ce moyen de résistance convient
particulièrement aux guerres de moindre énergie. En
pareil cas, en effet, si les flancs stratégiques de l'attaque
deviennent rarement aussi longs, comme il ne s'agit
plus de lui infliger d'aussi grandes pertes, il suffit généralement d'interrompre ou de gêner le service de ses
subsistances, et dès lors ce que le défenseur ne saurait
tirer de la longueur des lignes de communications de
son adversaire, il le peut compenser par la persistance
de l'action qu'il est en mesure d'exercer sur elles. Dans
les guerres de cette espèce, la protection de ses flancs
stratégiques devient donc un objet de haute importance
pour l'attaquant qui n'a que la supériorité numérique à
opposer à cet avantage constant du défenseur et qui ne

restera maître de la situation que si, une fois ce service
assuré, disposant encore d'assez de forces et se sentant
assez de résolution pour se jeter sur un corps isolé ou
sur le gros même de l'armée ennemie, il laisse incessamment ce danger planer sur son adversaire.

5. Il nous reste à mentionner l'avantage, tout à l'actif
de l'attaquant dans les guerres de cette espèce, d'être,
des deux adversaires, le plus à même de reconnaître
quels sont les moyens et les intentions de l'autre.
Il est en effet bien plus difficile à la défense de juger
quelle sera la hardiesse de l'attaque et ce qu'elle
osera entreprendre, qu'à celle-ci de prévoir le degré
de résistance qui lui sera opposé. Le fait seul que l'on
adopte la forme défensive indique tout d'abord qu'on
ne recherche aucun résultat positif, mais, en outre,
les préparatifs qu'exige une réaction vigoureuse dif-
fèrent de ceux d'une défensive ordinaire bien plus
que ne se modifient les préparatifs de l'attaque selon
qu'elle projette d'être énergique ou mesurée. Enfin,
sous la menace d'une invasion, les dispositions du
défenseur doivent nécessairement être prises avant que
l'attaquant n'ait développé les siennes, ce qui permet
encore à celui-ci de modifier son action jusqu'au dernier moment.

CHAPITRE XVII.

ATTAQUE DES PLACES FORTES,

Nous n'avons naturellement pas à nous occuper ici des travaux mêmes des sièges mais bien du but stratégique qui les fait entreprendre, du choix des places à assiéger et de la manière d'en couvrir le siège.

Nous savons que, lorsque les places fortes constituent des éléments essentiels de la résistance d'un État, la perte de l'une d'entre elles affaiblit considérablement l'action de la défense, tandis qu'en posséder une facilite au contraire beaucoup celle de l'attaque et lui permet soit d'y placer ses magasins et ses dépôts, soit de s'en servir pour couvrir les cantonnements et les portions de territoire que ses troupes occupent. Nous savons, en outre, que lorsque le moment arrive où l'envahisseur doit lui-même adopter la forme défensive, les places fortes dont il a pu jusque-là s'emparer deviennent ses plus sûrs appuis. Ces considérations découlent des rapports que les places ont avec le théâtre de guerre sur lequel la lutte se poursuit, et on les peut facilement déduire de ce que nous avons déjà dit, à ce propos, dans le livre de *la Défensive*.

Sous le rapport de la prise des places fortes, il se

présente aussi de grandes différences entre les campagnes où l'on poursuit de grandes solutions et les autres.

Quand on recherche une grande solution il ne faut recourir à un siège que lorsqu'il est absolument impossible de faire autrement. Ce n'est que lorsqu'une grande solution s'est produite, quand la crise et la tension des forces cessent pour un temps appréciable et qu'un entr'acte se présente dans la poursuite de l'action, que l'on peut raisonnablement chercher, par la prise d'une place forte, à consolider une conquête nouvellement faite et y procéder, sinon sans efforts et sans dépense de forces, du moins sans s'exposer à de réels dangers. Un siège ne peut qu'augmenter l'intensité de la crise au désavantage de l'attaque, car rien n'est manifestement plus propre à affaiblir ses forces et par conséquent à la priver pendant un certain temps de sa supériorité naturelle. Il se présente cependant des circonstances où il en faut passer par là, lorsque par exemple la prise d'une place s'impose à la continuation de l'invasion. Dès lors la question change de face et c'est précisément en assiégeant la place dont la possession lui est nécessaire pour aller plus loin sans danger, que l'attaque continue à progresser vers son but. En pareil cas la crise devient d'autant plus intense que la solution a jusque-là peu avancé. C'est là d'ailleurs un côté de la question que nous ne pourrons développer qu'au livre du *Plan de guerre*.

Dans les campagnes à objectif restreint, la prise d'une place forte constitue habituellement le but même à atteindre et non plus le moyen d'y arriver. On la considère alors comme une petite conquête indépendante, et, comme telle, cette conquête présente les avantages suivants sur toutes les autres :

1° Si petite qu'elle soit, une place enlevée à l'ennemi

constitue une conquête nettement déterminée, qui n'exige qu'une certaine dépense de forces et ne peut entraîner aucun revirement grave.

2° En conservant la place jusqu'au moment où les négociations de paix s'ouvriront, on en fera valoir la possession comme équivalent.

3° Un siège est ou paraît du moins être l'une des manières de progresser de l'attaque, et, au contraire de toutes les autres, cette manière de progresser n'a pas pour conséquence une diminution constante des forces.

4° Enfin, nous l'avons déjà dit maintes fois, un siège est une entreprise qui ne saurait mener à une catastrophe, parce qu'au pis aller on peut toujours l'interrompre sans grand préjudice pour l'attaque.

Il résulte de ces considérations que la prise de l'une ou de plusieurs des places fortes de la défense constitue généralement le but auquel tendent les attaques stratégiques qui ne peuvent viser un résultat plus considérable.

Quant au choix de la place à assiéger, en cas de doute les motifs déterminants sont les suivants :

a) La place doit être facile à conserver, ce qui lui donnera une grande valeur comme équivalent lors des négociations pour la paix.

b) On doit disposer de moyens suffisants pour l'assiéger.

Avec des moyens médiocres on ne peut songer à s'emparer que d'une place d'importance secondaire; or il vaut mieux en prendre réellement une petite qu'essayer vainement de s'emparer d'une plus grande.

c) Il est des places dont la puissance de résistance dépasse de beaucoup l'importance. Il serait insensé de dépenser des forces à faire le siège d'une place de cette

espèce lorsqu'il est possible d'en assiéger une intrinsèquement plus faible.

d) Les ressources de toutes sortes et l'effectif de la
garnison d'une place entrent ici en ligne de compte
à deux points de vue différents. Faiblement appro-
visionnée et occupée, la place sera naturellement plus
facile à prendre ; mais, d'un autre côté, la grande
quantité des approvisionnements et le chiffre élevé de
la garnison d'une place en font un objet de conquête
plus désirable, par la raison qu'au contraire des ouvrages mêmes de fortification les places constituent des
instruments directs de résistance dont l'attaque prive
la défense en s'en emparant. La conquête d'une place
occupée par de nombreuses troupes est donc digne de
tous les efforts qu'on y peut consacrer et en récom-
pense, d'ailleurs, bien mieux que ne le saurait faire la
conquête d'une place qui présenterait une plus grande
force de résistance intrinsèque.

e) La plupart des sièges échouent par suite des difficultés que rencontre le transport du matériel qu'ils
exigent. Le siège de Landrecies par le prince Eugène
en 1712 et celui d'Olmütz par le grand Frédéric en
1738 sont les exemples les plus remarquables à ce propos. C'est encore là un côté sérieux de la question.

f) Enfin il faut aussi tenir compte de la manière
dont on pourra couvrir le siège. Ici on a le choix entre
deux procédés dont l'un consiste à couvrir directement
l'armée de siège par des travaux de circonvallation et
l'autre à établir une ligne d'observation.

Bien qu'il permette à l'attaque de ne pas fractionner
ses forces, ce qui ne peut que les affaiblir et constitue
l'un des grands désavantages de la guerre de siège,
nous allons exposer les raisons pour lesquelles le premier de ces procédés est aujourd'hui entièrement hors
d'usage :

1° En les disposant ainsi autour de la place assiégée l'attaquant éparpille trop ses forces.

2° La garnison de la place, qui jointe à l'armée de secours ne constitue en somme que la totalité des forces de l'adversaire, prend pour nous, dans ces conditions, l'importance d'un corps de troupes absolument indépendant, invulnérable ou du moins inabordable dans ses retranchements et d'autant plus menaçant, si nous sommes nous-mêmes attaqués, qu'il se trouve précisément placé au centre de la position que nous occupons.

3° Sur une ligne de circonvallation la résistance ne peut être qu'absolument passive, parce que de toutes les formations l'ordre circulaire est la plus défavorable, la plus faible et celle qui se prête le moins aux retours offensifs. Attaqué dans cet ordre, l'assiégeant n'a d'autre ressource que de se défendre jusqu'à la dernière extrémité sur les lignes mêmes et en arrive facilement, dans ces conditions, à un affaiblissement bien plus considérable que celui qui résulterait pour lui de l'éloignement et de l'action séparée du tiers de son effectif formé en corps d'observation. Enfin, si l'on songe au discrédit dans lequel les retranchements sont tombés depuis Frédéric le Grand et à la faveur que l'on accorde depuis la même époque aux actions offensives, à la rapidité des mouvements et aux manœuvres tournantes et enveloppantes, on ne peut plus s'étonner que les lignes de circonvallation soient aujourd'hui entièrement passées de mode.

Cet affaiblissement de la résistance tactique ne constitue cependant pas le seul désavantage que présentent les lignes de circonvallation. De tout le théâtre de guerre elles ne couvrent réellement que la portion qu'elles enferment et laissent tout le reste plus ou moins exposé aux entreprises de l'ennemi, à moins

qu'on n'en confie la protection à des détachements spéciaux, ce qui conduit à un fractionnement que l'on
cherche précisément à éviter par leur emploi. Dès lors
les convois de vivres et de munitions et le transport
du matériel nécessaire aux opérations du siége deviennent déjà par eux-mêmes un objet d'inquiétude et d'embarras pour l'assiégeant, de sorte que généralement
quand l'armée est nombreuse, que les opérations doivent être considérables et que l'ennemi tient la campagne avec des forces importantes, on ne peut songer à
couvrir le siége au moyen de lignes de circonvallation
que dans les circonstances où, comme dans les Pays-Bas,
tout un système de places fortes, peu distantes les unes
des autres et reliées par des lignes intermédiaires, pro-
tége les autres parties du théâtre de guerre et réduit
de beaucoup les distances à parcourir par les convois.
Avant Louis XIV l'idée d'un théâtre de guerre ne se
rattachait pas encore aux dispositions que l'on donnait
aux troupes et aux formations qu'on leur faisait prendre
en campagne. Pendant la guerre de Trente ans, par
exemple, les armées se dirigeaient de ci et de là, se portant sur telle ou telle place forte selon qu'aucun corps
ennemi ne s'en trouvait dans le voisinage immédiat, et,
jusqu'à ce qu'une armée de secours approchât, en pour-
suivaient le siége tant que le matériel et les munitions
qu'elles avaient apportés le leur permettaient. Dans
ces conditions les lignes de circonvallation répondaient
vraiment aux besoins et leur emploi était naturel et
logique.

Il est probable qu'on y recourra rarement à l'avenir, et là seulement où se présenteront des rapports
et des conditions semblables. En effet, lorsque pendant
un siége la défense occupe si faiblement la campagne
que l'idée du théâtre de guerre s'évanouit pour ainsi
dire devant celle de la place assiégée, il devient tout

naturel que l'attaquant concentre toutes ses forces devant la place, ce qui lui permet aussitôt d'en poursuivre le siège avec beaucoup plus d'énergie.

Si, lorsque Turenne et Condé combattirent l'un contre l'autre sous Louis XIV, ces deux généraux ne tirèrent que peu de profit des lignes de circonvallation quand ils assiégèrent et prirent d'assaut le premier Cambrai et le second Valenciennes, il ne faut pourtant pas perdre de vue que, dans maintes autres circonstances, alors même que la ville assiégée avait le plus urgent besoin de secours et que le général chargé de les lui porter était du caractère le plus entreprenant, ces lignes furent néanmoins respectées, comme en 1708 par exemple quand Villars n'osa pas attaquer les Alliés dans les ouvrages qu'ils avaient élevés devant Lille.

Frédéric le Grand, à Olmütz en 17:8 et à Dresde en 1760, sans recourir précisément à ce système en employa cependant un à peu près semblable car, dans les deux cas, il fit le siège et le couvrit avec la même armée. C'est l'éloignement de l'armée autrichienne qui le porta à agir ainsi à Olmütz, mais il eut à s'en repentir, et ses convois lui furent enlevés à Domstaedtel. A Dresde, en 1760, il se laissa entraîner à ce procédé en raison de la faible estime dans laquelle il tenait l'armée de l'Empire et parce qu'il espérait s'emparer ainsi plus promptement de la ville.

Enfin, en cas d'insuccès, les lignes de circonvallation rendent plus difficile le retrait des pièces de siège. On en peut cependant effectuer l'enlèvement avant l'arrivée de l'ennemi et même faire prendre une étape d'avance au train du gros matériel lorsque la décision n'a lieu qu'à une ou deux journées de marche de la place.

Quand c'est une armée d'observation qui doit couvrir le siège, la question importante est de fixer la distance

à laquelle il faut tenir cette armée de la place assiégée. En général c'est de la configuration du terrain et
de la position des autres armées ou corps d'armée avec
lesquels l'armée de siège doit rester en communication
qu'il convient ici de tenir compte, sans perdre de vue
cependant que plus l'armée d'observation est éloignée
et mieux le siège est couvert, tandis que, plus les deux
armées sont voisines l'une de l'autre et plus elles sont
à même de se porter réciproquement secours.

CHAPITRE XVIII.

ATTAQUE DES CONVOIS.

L'attaque et la défense des convois constituent des opérations essentiellement tactiques et nous n'en parlerons ici que pour montrer qu'on n'y peut procéder qu'en raison des rapports stratégiques existants. Nous eussions déjà traité cette question dans le livre de *la Défensive* si le peu que nous avons à en dire ne se rapportait à la fois aux deux formes de l'action à la guerre et ne prenait même plus d'importance au point de vue de l'attaque qu'à celui de la défense.

Un convoi de 300 à 400 voitures, — la nature du chargement n'entre pas ici en considération, — occupe déjà un demi-mille (de 3 à 4 kilomètres) sur la route qu'il suit. Or ce n'est là qu'un convoi de force moyenne. On est donc en droit de se demander comment il est possible de couvrir un transport tant soit peu considérable avec le faible nombre d'hommes auxquels on en confie généralement l'escorte. Si l'on ajoute à cette difficulté le manque de mobilité d'un pareil matériel, la lenteur de sa marche, les causes d'arrêts qui se peuvent incessamment présenter de la tête à la queue de la ligne et, par suite, la nécessité d'en couvrir directement toutes les parties dans la crainte que le désordre ne s'empare du tout si l'ennemi en atteint un seul point, on s'étonne que tous les transports attaqués ne soient pas aussitôt pris et qu'ils ne soient pas tous attaqués dès qu'il est nécessaire de les escorter. Il est certain, d'ailleurs, que les expédients tactiques auxquels on recourt en cas d'attaque ne sont que de faibles palliatifs des causes de danger que l'esprit découvre à ce propos, aussi bien le moyen peu pratique que conseille Tempelhof d'être sans cesse prêt, à la moindre menace d'approche de l'ennemi, à raccourcir la longueur du convoi en passant de la marche par le flanc à celle en colonne, que le procédé beaucoup plus logique qu'indique Scharnhorst et qui consiste à fractionner le transport en plusieurs échelons.

Dans le fait, si le problème est soluble c'est que, dans la grande majorité des cas, on fait suivre aux convois des routes que leur situation stratégique met tout particulièrement à l'abri des atteintes de l'ennemi, ce qui augmente considérablement l'efficacité des moyens défensifs auxquels l'escorte peut recourir. On les dirige toujours, en effet, soit sur les derrières de l'armée soit, du moins, à une certaine distance de l'ennemi. Il en résulte que des détachements de médiocre effectif les peuvent seuls attaquer et que ces détachements sont encore obligés de s'affaiblir de tout ce qu'ils doivent consacrer d'hommes à couvrir leurs flancs et à assurer leur retraite. Il faut considérer aussi qu'en raison même de sa lourdeur le matériel d'un convoi est difficile à enlever et que l'attaquant doit le plus souvent se contenter de couper les traits, d'emmener les chevaux et de faire sauter les fourgons de munitions, ce par quoi il retarde et désorganise à la vérité le transport mais ne l'anéantit pas.

La sûreté d'un convoi dépend donc bien moins de la

capacité de résistance des troupes qui l'escortent que des rapports stratégiques du terrain qu'on lui fait parcourir. Or que ces rapports soient tels qu'ils permettent à l'escorte, au lieu de couvrir directement le convoi, de se porter résolument à la rencontre de l'adversaire et de jeter le trouble dans son opération, et l'on comprend enfin comment, loin d'être toujours facile et immanquable, l'attaque d'un transport est soumise à de grands hasards et souvent très incertaine dans ses résultats.

Il est un autre danger qui menace encore l'attaquant dans cette opération, c'est celui d'être attaqué lui-même après coup par le gros ou par l'un des corps de son adversaire. Cette crainte est la cause inavouée de l'interruption de maintes expéditions de ce genre, dans lesquelles il est impossible d'expliquer l'inaction de l'attaque par le respect seul que lui peut inspirer la faiblesse de l'escorte du convoi menacé. Comme exemple à ce propos il suffit de citer la célèbre retraite du grand Frédéric à travers la Bohême en 1758 après le siège d'Olmütz, quand il dut fractionner la moitié de son armée par pelotons pour couvrir un convoi de 4,000 voitures! Si Daun n'attaqua pas le Roi dans ces conditions, ce fut uniquement dans la crainte qu'avec la seconde moitié de son armée celui-ci ne le forçât à une bataille dont il ne voulait pas courir les risques. Mais pourquoi du moins Laudon, qui ne cessa de marcher sur l'un des flancs de ce monstrueux convoi, ne l'attaqua-t-il pas lui-même plus promptement et plus vigoureusement qu'il ne le fit à Zischbowitz? Ce fut également dans la crainte d'être attaqué lui-même. Il se trouvait, en effet, à 10 milles (74 kilomètres) et séparé par l'armée prussienne du gros de ses troupes et, voyant que Daun n'occupait en rien le Roi, il avait à redouter que celui-ci ne se tournât contre lui avec la plus grande partie de ses forces et ne lui infligeât une défaite complète.

Ce n'est, en somme, que lorsque les rapports stratégiques dans lesquels se trouve une armée la contraignent à tirer ses convois de contrées situées en avant de son front ou sur ses côtés, que le transport de ces convois devient un danger pour elle et constitue un objet avantageux d'attaque pour son adversaire, si toutefois la situation de celui-ci lui permet de consacrer une partie de ses troupes à ce genre d'opérations. L'enlèvement du train du grand Frédéric, à Domstaedtel, pendant la campagne de 1758 que nous venons de citer, nous fournit encore un exemple de la réussite absolue d'une entreprise de cet ordre. N'ayant rien à redouter des forces du Roi absolument neutralisées par le double service du siège d'Olmütz et de l'observation de l'armée de Daun, les partisans autrichiens purent tranquillement prendre leurs dispositions et enlever le convoi qui suivait la route de Neisse sur le flanc gauche de la position prussienne.

Pendant le siège de Landrecies en 1712, c'est de Bouchain par Denain et par conséquent par devant le front même de la position stratégique que le prince Eugène dut recevoir ses convois. Or on sait que, pour les protéger dans ces conditions déplorables, ce grand général en arriva, malgré sa grande expérience de la guerre, à des embarras tels qu'il en résulta un revirement complet dans la marche ultérieure des événements.

De toutes ces considérations il faut conclure que, par des motifs stratégiques et si facile qu'en puisse paraître l'exécution au point de vue tactique, les attaques de convois présentent de médiocres avantages et ne promettent d'importants résultats que dans les conditions exceptionnelles où les lignes de communications de l'adversaire sont très exposées.

CHAPITRE XIX.

ATTAQUE D'UNE ARMÉE DANS SES CANTONNEMENTS.

Bien que nous ayons déjà abordé ce sujet dans le chapitre XIII du livre *des Forces armées*, nous avons dû le laisser de côté dans celui *de la Défensive* par la raison que, loin de pouvoir être considérée comme une disposition de résistance, la répartition générale des troupes dans des cantonnements constitue précisément l'un des états dans lesquels une armée est le moins en situation de se défendre. Dans l'offensive au contraire, l'attaque d'une armée ennemie dans ses cantonnements prend une importance capitale, parce qu'elle constitue à la fois une opération d'un caractère particulier et un moyen stratégique d'une efficacité spéciale. Il ne saurait s'agir ici, en effet, d'une opération tactique contre les cantonnements isolés d'un corps d'armée peu considérable disséminé dans quelques villages, mais bien de l'attaque stratégique, dans des cantonnements plus ou moins étendus, d'une grande masse de troupes qu'il s'agit moins de surprendre que d'empêcher de se rassembler. Attaquer une armée dans ses cantonnements revient donc à surprendre cette armée quand

les différents corps en sont encore isolés les uns des
autres.

Pour que l'opération réussisse il faut nécessairement
qu'ainsi surprise l'armée attaquée ne parvienne pas à
se réunir sur le point de concentration qui lui a été
désigné à l'avance et soit obligée d'en choisir un autre
situé plus en arrière. Or comme, pressé et gêné comme
il l'est en pareille occurence, l'ennemi n'arrive généralement sur le nouveau point de concentration qu'après
une marche rétrograde de plusieurs jours, il en résulte
tout d'abord un gain de territoire assez considérable
pour l'attaquant.

Bien que cette surprise générale des cantonnements
d'une armée puisse débuter par la surprise particulière
de quelques-uns d'entre eux, le nombre des cantonnements isolés ainsi surpris n'est jamais considérable,
parce que cette manière de procéder exigerait au préalable un morcellement et un éparpillement beaucoup
trop grands et par conséquent imprudents des forces
de l'attaque. Les premiers cantonnements situés sur les
directions suivies par les colonnes attaquantes sont par
suite les seuls exposés à être surpris, et même, comme
l'approche d'une masse importante de troupes ne peut
généralement s'effectuer très secrètement, il est rare
que la surprise réussisse complètement. Il ne faut cependant pas perdre de vue cette éventualité car, lorsqu'elle se réalise, elle constitue un second avantage
très important pour l'attaque.

Le troisième avantage de l'opération consiste dans
les combats partiels dans lesquels l'attaqué se trouve
engagé et qui lui coûtent en général de grandes pertes.
Une masse considérable de troupes ne se porte pas
par bataillons isolés sur son point de concentration,
mais habituellement par brigades, par divisions ou par
corps. Dans de pareilles conditions la marche ne peut

être bien rapide et ces subdivisions sont contraintes
d'accepter le combat quand elles se heurtent aux différentes colonnes de l'ennemi. Il peut arriver, il est vrai,
qu'elles sortent victorieuses de ces rencontres, particulièrement lorsque les colonnes attaquantes sont très
faibles, mais la victoire même leur fait perdre du
temps, et l'on comprend facilement qu'en pareille occurrence elles soient généralement plus portées à gagner le point de concentration qui leur a été assigné
en arrière qu'à tirer un parti considérable de la victoire. Mais, en somme, il est plus vraisemblable qu'elles
seront battues parce qu'elles n'ont pas le temps d'organiser une forte résistance, et, par suite, on est en droit
de penser que si l'attaque des cantonnements est bien
conçue et bien dirigée ces combats partiels rapporte-
ront de nombreux trophées, et, dès lors, ces trophées
deviennent l'un des objets importants du résultat général à obtenir.

Le plus grand et dernier avantage consiste ici, cependant, dans l'état de démoralisation où l'imprévu de l'action jette momentanément l'armée qui s'est ainsi laissé
surprendre. La désorganisation et le découragement y
sont habituellement tels que, dans l'impossibilité de se
servir des forces qu'il est enfin parvenu à rallier, l'adversaire est en général contraint à continuer sa retraite,
à céder plus de terrain et à changer entièrement la direction de ses opérations.

Tels sont les résultats spéciaux qu'amène la surprise
des cantonnements de l'ennemi quand celui-ci ne parvient
qu'avec pertes à rassembler son armée sur le point de
concentration qu'il avait choisi. Mais, d'après la nature
même de l'opération, la réussite peut atteindre bien des
degrés différents, de sorte que les résultats sont parfois
considérables et parfois à peine sensibles. En cas de
succès complet cependant, soit comme trophées enle-

vés à l'ennemi soit comme impression morale, jamais l'opération ne produira des effets comparables à ceux d'une victoire remportée dans une bataille générale.

Il importe de se bien pénétrer de l'ensemble de ces résultats afin de ne pas se promettre de ce genre d'opérations plus qu'elles ne peuvent donner. Bien des gens leur accordent une extrême efficacité dans l'action de l'offensive. C'est une erreur absolue, nous le montrerons plus tard et l'expérience le prouve.

La surprise des cantonnements de Duttlingen en 1643 par le duc de Lorraine, surprise dans laquelle un corps de 16,000 Français commandés par Ranzau perdit son général et 7,000 hommes, est l'une des plus brillantes que l'histoire relate. Ce fut une défaite complète causée par l'absence de tout avant-poste.

La surprise de Turenne à Morgentheim (Mariendal) en 1644 eut aussi les conséquences d'une véritable défaite, car, sur 8,000 hommes, les Français en perdirent 3,000 pour s'être engagés dans un combat intempestif après avoir effectué leur concentration. Mais ici le résultat a bien moins dépendu de la surprise proprement dite que de la manière irréfléchie dont la lutte fut engagée. On ne saurait donc conclure de cet exemple à la possibilité d'obtenir fréquemment un pareil succès. Turenne, en effet, eût parfaitement pu éviter le combat et se concentrer plus en arrière en dirigeant ses forces sur un point éloigné de ses cantonnements.

Parmi les surprises célèbres on cite encore celle que Turenne exécuta en 1674 contre les Alliés réunis en Alsace sous le grand Électeur, le général impérial Bournonville et le duc de Lorraine. Les trophées furent peu considérables dans cette affaire, car, des 50,000 hommes dont se composait leur armée, les Alliés en perdirent à peine deux ou trois mille, et cependant ils ne crurent pas pouvoir continuer la résistance en Alsace et repassèrent le Rhin. Ce résultat stratégique fit parfaitement les affaires de Turenne, mais on ne saurait l'attribuer à la surprise seule. Dans cette circonstance, en effet, Turenne porta bien moins le trouble dans l'armée alliée que dans les plans de ses chefs, et les dissentiments entre les généraux et la proximité du Rhin firent le reste.

Cet événement est généralement mal connu et faussement apprécié et présente un sujet très intéressant d'étude.

En 1741 Neiperg surprend le grand Frédéric dans ses cantonnements, et celui-ci est battu à Molwitz parce qu'il est forcé de livrer bataille en changeant de front et avant d'avoir achevé la concentration de ses forces.

En 1745, en Lusace, le Roi surprend à son tour les Autrichiens du duc de Lorraine dans l'un des plus importants de leurs cantonnements, à Hennersdorf, et leur inflige une perte de 2,000 hommes. Le duc de Lorraine se vit ainsi contraint à se retirer par la haute Lusace sur la Bohême ; mais, comme rien ne l'empêcha de passer sur la rive gauche de l'Elbe et de rentrer en Saxe, l'opération n'eût produit aucun résultat considérable si les Prussiens n'eussent ultérieurement gagné la bataille de Kesselsdorf.

En 1758 le duc Ferdinand surprend les Français dans leurs cantonnements, leur enlève quelques milliers d'hommes et les force à prendre position derrière l'Aller. Ici, cependant, l'impression morale a peut-être contribué à la grandeur du résultat car elle semble n'avoir pas été sans influence sur l'évacuation ultérieure de toute la Westphalie.

Si maintenant, nous appuyant sur ces exemples, nous cherchons à nous rendre compte de l'efficacité générale de ce genre d'opérations, nous voyons que dans les deux premières seules le résultat peut être considéré comme équivalent à celui d'une bataille gagnée. Mais il ne faut pas perdre de vue que, dans l'un comme dans l'autre cas, les corps surpris étaient de très faible effectif et que, par le manque absolu d'avant-postes, la méthode de guerre de l'époque favorisait particulièrement l'action de l'attaque. Dans les autres exemples, bien que l'opération en elle-même ait parfaitement réussi, le résultat, très inférieur tout d'abord à celui d'une bataille gagnée, a été nul dans la su. prise de 1741 et n'a pris quelque développement, dans les trois autres cas, qu'en raison de la faiblesse de caractère et du manque d'énergie de l'adversaire.

En 1806 le plan de l'armée prussienne était de surprendre les Français dans les cantonnements qu'ils occupaient en Franconie. L'opération, dans le fait, pouvait conduire à un résultat satisfaisant. Bonaparte étant absent et son armée répartie dans des quartiers très étendus, avec beaucoup de décision et de promptitude on pouvait contraindre les Français à repasser le Rhin. Mais c'était là tout ce que, bien menée et complètement réussie, l'opération pouvait produire, et songer à poursuivre l'avantage jusqu'au delà du fleuve de façon à empêcher l'ennemi de reparaître sur la rive droite pendant toute la durée de la campagne, c'eût été se promettre un résultat absolument irréalisable.

En 1812, au commencement d'août, lorsque Bonaparte suspendit le mouvement de son armée dans les environs de Witepsk, les Russes songèrent à surprendre les cantonnements français en partant de Smolensk. Le courage leur manqua cependant au moment d'exécuter ce projet, et ce fut un bonheur pour eux. Ils se seraient heurtés, en effet, contre le centre même de l'armée française deux fois plus nombreux que le leur et commandé par le général le plus résolu qui ait jamais existé, et cela dans des conditions où la perte de quelques milles de terrain ne pouvait causer grand préjudice à l'ennemi, sur un territoire qui ne présentait aucun obstacle considérable assez rapproché pour appuyer l'opération et la consolider en cas de succès, et dans une campagne où le but formel de l'attaquant était l'anéantissement complet du défenseur. Dans ces conditions, les avantages de second ordre que les Russes eussent tirés de la surprise de l'armée française dans ses cantonnements n'eussent jamais compensé l'inégalité des forces et des situations, et fussent absolument restés hors de proportion avec la grandeur du but à atteindre. On voit par là qu'une idée incomplète du procédé peut inciter à en faire la plus fausse application.

Ce que nous avons dit jusqu'ici du sujet en fait ressortir le côté stratégique, mais il est dans la nature de ce genre d'attaque que l'exécution elle-même n'en soit pas exclusivement tactique, en ce sens qu'elle se produit habituellement sur de vastes espaces et que l'armée qui y procède peut en arriver et le plus souvent même en arrive à combattre avant d'avoir réuni ses colonnes, de sorte que l'opération entière se compose d'un nombre plus ou moins grand de combats isolés, et conserve ainsi en partie le caractère stratégique. Il nous reste donc encore à déterminer quel est le dispositif naturel à donner à ce genre particulier d'attaque.

1° La première condition est d'aborder le front des cantonnements sur une certaine largeur de manière à en surprendre réellement quelques-uns, à en isoler quelques autres et à jeter partout la confusion que l'on cherche à produire. Le nombre et l'éloignement des colonnes dépend nécessairement ici des circonstances qui se présentent.

2° L'ennemi en arrivant toujours plus ou moins à réunir ses forces, les différentes colonnes de l'attaque

doivent suivre des directions convergentes de façon à
se réunir elles-mêmes sur un point désigné d'avance.
Autant que faire se peut, ce point de concentration
générale doit être le même que celui de l'ennemi ou,
du moins, être placé sur sa ligne de retraite et de préférence là où cette ligne traverse une coupure considérable du terrain.

3° Partout où les colonnes isolées rencontrent l'ennemi elles le doivent attaquer sans hésitation, avec
hardiesse, avec audace même, car elles ont pour elles
les avantages généraux de la situation. Il convient donc
de laisser, à ce propos, la plus grande indépendance
et la plus grande liberté d'action aux chefs des différentes colonnes.

4° Comme on arrive aux résultats les plus complets
en coupant et en séparant les uns des autres les différents corps de l'ennemi, c'est par des mouvements
tournants qu'il faut effectuer l'attaque tactique de ceux
de ces corps qui prennent les premiers position.

5° Il convient de faire entrer ici les trois armes dans
la composition des colonnes isolées qui ne doivent pas
être trop faibles en cavalerie. Il peut même être avantageux de répartir entre les colonnes la réserve de cette
arme. Ce serait se tromper fort, en effet, que de croire
la cavalerie susceptible de remplir un rôle individuel
important dans une opération de ce genre où le premier village venu, le plus petit pont, le moindre bou-
quet d'arbres la peuvent arrêter.

6° Quand il tente une surprise l'attaquant doit naturellement suivre de très près son avant-garde, mais, dès
que la surprise proprement dite est terminée c'est-
à-dire dès que le combat s'engage sur la ligne des cantonnements, les colonnes attaquantes doivent pousser
aussi loin que possible en avant des avant-gardes
composées des trois armes et chargées d'augmenter

encore, par la promptitude de leurs mouvements, l'effet moral de l'opération et le trouble de l'ennemi. Ces avant-gardes s'emparent des bagages, de l'artillerie, des estafettes et des traînards qu'elles ne peuvent manquer de rencontrer en pareille occurrence et fournissent, en outre, le principal moyen de tourner les différents corps de l'ennemi et de les isoler les uns des autres.

7° Enfin, en prévision d'insuccès, l'armée doit toujours savoir d'avance quelle sera sa ligne de retraite et sur quel point elle devra se concentrer.

CHAPITRE XX.

DIVERSIONS.

On entend généralement par diversion une opération qui consiste à attaquer le territoire de l'ennemi de façon à le contraindre à détourner une partie de ses forces du point sur lequel on veut porter l'action principale.

Une diversion ne constitue une opération d'un caractère spécial que lorsqu'elle a ce but; dans tout autre cas, quand il s'agit par exemple d'attaquer et de conquérir un objet pour sa valeur propre, elle rentre dans la catégorie des attaques ordinaires.

Il va de soi cependant qu'une diversion doit toujours se proposer un objet réel d'attaque afin que la valeur même de l'objet menacé détermine, tout d'abord, l'ennemi à y envoyer des troupes, puis pour que, dans le cas où l'opération ne réussirait pas comme diversion, la possession de l'objet compense du moins en partie les sacrifices faits.

Les places fortes, les magasins considérables, les chefs-lieux, les capitales, les villes riches, les contributions de toutes sortes à lever sur le pays ennemi, l'appui enfin à donner à des populations prêtes à s'insurger contre leur gouvernement, tels sont les objectifs qu'une diversion doit se proposer.

Il est facile de comprendre toute l'utilité que l'on peut tirer des diversions, mais, lorsqu'elles ne réussissent pas, — et elles ne réussissent pas toujours, — elles tournent fréquemment au détriment de celui qui les a entreprises. Or la condition essentielle à laquelle elles doivent satisfaire est d'exiger moins de forces pour leur exécution qu'elles ne contraignent l'ennemi à en retirer du théâtre de guerre principal. En effet, si l'exécution se poursuit de part et d'autre avec un nombre égal de combattants, elle perd aussitôt la signification qu'on lui voulait donner et rentre dans la catégorie des attaques secondaires. Lors même qu'on n'entreprendrait une attaque que parce qu'en raison des circonstances et en y consacrant relativement peu de forces on aurait toute chance d'obtenir un résultat considérable tel par exemple que la prise d'une place forte importante, on ne pourrait déjà plus considérer l'opération comme une diversion. De même lorsqu'engagé déjà dans une première guerre un État se voit attaqué par un second adversaire, cela ne constitue pas davantage une diversion, malgré l'habitude qui prévaut de dénommer ainsi l'opération, mais bien uniquement une deuxième attaque qui ne diffère en somme de la première que par la direction suivant laquelle elle se produit.

Or, pour que des forces plus faibles réussissent à en attirer contre elles de plus considérables, il faut nécessairement que des conditions particulières sollicitent ces dernières à l'action, et, par suite, on ne saurait produire une diversion par le fait seul de l'envoi d'un nombre quelconque de troupes sur un point jusque-là resté à l'abri des opérations.

Lorsque, dans l'intention d'en tirer des contributions, l'attaquant envoie un simple détachement d'un millier d'hommes fouiller l'une des provinces de l'ennemi située en dehors du théâtre de guerre, on se rend bien compte que ce n'est pas par l'envoi d'un nombre égal mais bien d'un nombre supérieur de combattants que le défenseur parvient à protéger la province contre ces incursions. On doit se demander cependant si, au lieu de défendre directement la province ainsi menacée, le défenseur ne pourrait pas rétablir l'équilibre en usant de représailles et en choisissant lui-même, dans le territoire de son adversaire, une province de valeur correspondante pour la faire réciproquement parcourir et rançonner par un nombre égal d'hommes? Dès lors en effet, pour que l'attaquant pût se promettre de tirer avantage de son entreprise, il faudrait au préalable qu'il fût certain que, des deux provinces, c'est celle sur laquelle il se propose d'opérer qui présente le plus de ressources et le plus d'importance, car, dans ces conditions, le plus faible détachement qu'il y enverrait ne manquerait pas d'y attirer un nombre supérieur de forces ennemies et le but de l'opération serait atteint. Il convient toutefois de remarquer ici que plus l'effectif des troupes consacrées à la diversion augmente et plus l'avantage de l'opération diminue pour l'attaque. 50,000 hommes, en effet, ne sont pas seulement en état de défendre une province de moyenne importance contre un nombre égal mais même contre un nombre quelque peu supérieur de combattants. Lorsqu'il s'agit de corps plus considérables encore l'avantage devient des plus douteux, et dès lors il faut que les rapports généraux favorisent tout spécialement l'opération pour que l'attaque puisse espérer en tirer quelque chose de bon.

Or, pour que l'opération réussisse, il faut en général :

1° Que les forces que l'on consacre à la diversion n'affaiblissent pas la puissance de l'attaque principale.

2° Que l'opération mette en danger des points de grande importance pour le défenseur.

3° Que la population, mécontente de son gouvernement, ne soit pas favorable à l'action de la défense.

4° Que la province sur laquelle on opère présente des ressources considérables en moyens de guerre.

On comprend que l'on ne trouve pas fréquemment l'occasion d'opérer une diversion quand, pour l'entreprendre avec succès, il faut dès le principe qu'elle satisfasse à ces diverses exigences.

Il nous reste cependant à examiner un dernier mais très important côté de la question. En opérant une diversion on porte la guerre dans une contrée qui en serait probablement restée à l'abri, et l'on sollicite ainsi à se produire des forces de résistance qui sans cela ne se seraient jamais manifestées. Ce résultat est d'autant plus sensible que l'organisation défensive du pays repose davantage sur des milices et sur la levée en masse de la population, mais, en outre, il est dans l'ordre des choses, et l'expérience d'ailleurs le démontre suffisamment, que, lorsqu'une contrée sur laquelle il n'a été pris aucune disposition défensive préalable se trouve tout à coup menacée d'être envahie par un corps détaché de l'ennemi, tout ce que cette province possède de fonctionnaires énergiques met tout en œuvre, réunit tous ses efforts et ne recule devant aucun sacrifice pour en protéger et défendre le territoire, ce qui provoque aussitôt des principes de résistance très voisins de ceux d'un soulèvement populaire et peut facilement y mener. On voit combien il importe d'examiner l'opération à ce point de vue car, entreprise dans ces conditions, une diversion peut conduire l'attaque à sa perte.

On ne doit considérer comme des diversions les deux opérations entreprises la première contre la Hollande septentrionale en 1799 et la seconde contre l'île de Walcheren en 1809, que parce qu'il n'était pas possible d'employer autrement les troupes anglaises, mais il est certain que ces opérations n'ont en rien diminué les moyens de résistance des Français. Il en sera toujours ainsi d'ailleurs quand, pendant une guerre avec la France, on cherchera à opérer un débarquement sur les côtes de cette puissance. Dans un pays constitué comme la France, quelques grands avantages que l'on puisse avoir à forcer le défenseur à consacrer une partie de ses forces à l'observation de ses côtes, on ne doit effectuer un débarquement considérable de troupes que là où l'on a la certitude de voir l'opération favorablement accueillie par la population d'une province mécontente de son gouvernement.

Moins grande est la solution que comporte une guerre et plus les diversions y sont à leur place, mais, par contre, moins grand est le profit qu'on en peut tirer. En somme, une diversion n'est autre chose qu'un moyen de porter au jeu des forces qui sans cela resteraient absolument inutiles.

Exécution.

1° Une diversion peut comporter une attaque véritable et, dans ce cas, l'opération doit être conduite avec hardiesse et rapidité.

2° Lorsqu'une diversion a pour but de donner le change à l'ennemi, c'est-à-dire de l'amener à croire et à s'opposer à une opération que l'on n'a pas l'intention d'exécuter, elle devient une démonstration et entraîne nécessairement toujours une grande dissémination des forces. Dès lors la théorie ne saurait fixer par avance des règles spéciales à ce propos et tout dépend de la pénétration d'esprit, du tact et de la finesse du général en chef qui doit agir en raison des circonstances et du caractère de son adversaire.

3° Lorsque le nombre des troupes qui doivent exécuter une diversion est considérable et que la retraite ne peut s'effectuer que sur certains points déterminés, il est indispensable de former une réserve qui devient la base et le soutien de toute l'opération.

CHAPITRE XXI.

INVASION.

Nous n'avons ici qu'à déterminer ce qu'il convient d'entendre par le mot : *invasion*, car les écrivains modernes en font fréquemment usage en y attachant un sens particulier. Dans les auteurs français, par exemple, on trouve à chaque instant l'expression : *guerre d'invasion*, par laquelle, en opposition avec une attaque méthodique qui se bornerait à mordre la frontière, ils désignent toute attaque qui pénètre profondément dans le pays ennemi. Or c'est là une manière de parler absolument illogique car, que l'attaque s'en tienne à la frontière, qu'elle s'enfonce sur le territoire, qu'elle assiège et prenne les places fortes ou qu'elle tende sans repos ni trêve vers le cœur même de la puissance de l'ennemi, cela ne dépend nullement du plan adopté mais bien des circonstances. La théorie, du moins, ne saurait autrement considérer les choses. — Dans certains cas il peut être sage de ne pas s'éloigner beaucoup de la frontière, dans certains autres, au contraire, il peut être prudent de pénétrer profondément dans l'intérieur du pays ; mais, en général, il ne faut entendre par *invasion* que l'heureux résultat de l'*attaque* énergique du pays envahi et, pour nous, les deux mots sont synonymes.

LE PLAN DE GUERRE.

CHAPITRE PREMIER.

INTRODUCTION.

Dans le chapitre où nous avons traité de sa nature et de son but, nous avons en quelque sorte esquissé la notion générale de la guerre et fait voir quels sont ses rapports avec les objets qui entrent en contact avec elle. Réservant pour plus tard la solution des questions multiples que comporte l'étude d'un si vaste sujet, nous n'avons, dans le principe, que très sommairement indiqué les nombreuses difficultés qu'elle présente à l'esprit, et nous en sommes arrivé à ce résultat que le *renversement de l'ennemi* et par conséquent l'*anéantissement de ses forces armées* constituent le but capital de l'acte de guerre. Cela nous a permis d'établir, dans le chapitre suivant, que le *combat* est le seul moyen dont on dispose pour arriver à ce résultat.

Nous avons ensuite examiné chacune des formes que l'action, en dehors du *combat*, peut encore revêtir à la guerre et, nous appuyant à la fois sur le raisonnement et sur l'expérience que donnent les leçons de l'histoire, nous avons cherché à en fixer la véritable valeur, à les débarrasser de tout ce que la routine et les préjugés y ajoutent généralement d'idées fausses ou peu justifiées et à faire voir que, lors même que l'action

prend l'une ou l'autre de ces formes, elle n'en vise pas
moins toujours les mêmes fins dernières, c'est-à-dire le
renversement ou l'*anéantissement* de l'adversaire.

Nous avons ainsi tout d'abord étudié la guerre dans
chacune de ses parties, et il ne nous reste plus maintenant qu'à la considérer dans son ensemble. C'est ce
que nous allons faire dans ce dernier livre tout entier
consacré au *plan de guerre* ou *de campagne*.

Nous allons donc traiter des questions les plus graves
de la haute stratégie, et ce n'est pas sans quelque
crainte que nous abordons cette dernière partie de
notre travail.

Lorsqu'on lit les récits que les grands généraux font
de leurs campagnes, lorsqu'on les voit mettre en mouvement des centaines de mille hommes avec autant
d'aisance que s'il ne s'agissait que de leur propre personne, lorsqu'on les entend déduire les motifs qui les font
agir des considérations les moins compliquées et parfois même attribuer leurs actions à un simple mouvement de leur instinct, rien ne paraît si facile que la
conduite d'une armée et la guerre semble se réduire
aux proportions d'un combat singulier. Mais, lorsqu'il
s'agit d'établir une *théorie* et par conséquent d'exposer toutes ces choses systématiquement et dans leur
entier et de ramener chaque action à un motif logique
suffisant, l'esprit se trouble en présence du grand
nombre des situations et des combinaisons différentes,
et l'on se sent irrésistiblement pris de la crainte de
ramper toujours dans les bas-fonds des notions élémen-
taires sans jamais atteindre les régions supérieures où
le grand général trouve la liberté qui lui est nécessaire
pour dominer les événements, embrasser toute la guerre
d'un seul coup d'œil et déterminer la direction qu'il
doit suivre et dont rien ne le pourra désormais détourner.

Si nous devons réussir, cependant, c'est en persévérant dans la voie que nous nous sommes tracée dès le
début. Il nous faut éclairer la masse des objets afin de
permettre à l'esprit de les distinguer les uns des autres
et de saisir les rapports dans lesquels ils se tiennent ; il
nous faut séparer ce qui a de l'importance de ce qui
n'en a pas et débarrasser le bon grain de l'ivraie que
l'erreur a partout laissée croître. Là où les idées se
réunissent et se pénètrent de façon à former un principe ou une règle, la théorie le doit indiquer au lecteur
et le lui faire sentir.

Les idées fondamentales et les vues lumineuses que
l'esprit peut rapporter de ses pérégrinations dans ces
hautes régions de l'art militaire, la théorie les lui doit
signaler. Mais là s'arrête l'aide qu'il en peut attendre,
car elle ne saurait lui fournir des formules pour la solution des problèmes pas plus que lui indiquer la voie
étroite qu'il doit suivre. Après lui avoir montré la masse
des objets et leurs relations, elle l'abandonne de nouveau à lui-même et, dès qu'il faut agir, le laisse prendre
ses déterminations dans la mesure des moyens dont il
dispose et de la puissance morale dont il est doué. De
cette double équation jaillit généralement le sentiment
vrai et la juste appréciation de ce qu'il convient de
faire, et les méditations de l'esprit paraissent avoir
moins d'influence sur ce résultat que l'urgence même
ou le péril de la situation.

CHAPITRE II.

GUERRE ABSOLUE ET GUERRE RÉELLE.

Le plan de guerre embrasse la guerre dans son entier; il en fait une action unique et détermine le but final auquel tous les buts particuliers doivent concourir. — On ne commence ou, du moins, on ne devrait commencer aucune guerre sans s'être préalablement demandé quel but elle doit atteindre pour répondre aux fins qui la font entreprendre. C'est cette pensée fondamentale qui indique les directions à suivre, les moyens à employer et les efforts à produire ; elle manifeste son influence jusque dans les moindres subdivisions de l'action.

Nous avons reconnu que le *renversement de l'adversaire* constitue le but naturel de la guerre, et que par suite, pour s'en tenir rigoureusement au concept philosophique, tant que l'un des deux adversaires n'est pas réduit à l'impuissance l'action militaire devrait de part et d'autre se poursuivre sans repos ni trève. Mais, dans le chapitre 16 du livre de *la stratégie*, nous avons fait voir que, dans son application par l'homme et en raison des moyens par lesquels celui-ci le met en action, le principe d'hostilité se trouve fréquemment suspendu ou modéré.

Cette modification ne suffit pas cependant pour nous conduire du concept primitif de la guerre aux formes concrètes que nous lui voyons presque partout revêtir. La guerre n'apparaît généralement que comme une irritation réciproque qui porte chacun des adversaires à prendre les armes pour sa propre sûreté, pour inspirer de la crainte à l'autre et pour profiter d'une occasion favorable si celle-ci vient à se présenter. Dès lors ce ne sont plus deux éléments destructeurs qui se heurtent, mais de petites décharges isolées qui se succèdent à de plus ou moins longs intervalles.

Pourquoi cependant l'orage n'éclate-t-il pas dans toute sa puissance? Pourquoi la conception philosophique n'est-elle pas satisfaite? — Cela tient au grand nombre d'objets, de forces et de rapports avec lesquels la guerre entre en contact dans la vie de l'État. En s'entre-croisant ces innombrables intérêts forment un dédale où la conséquence logique est difficile à suivre, et l'homme qui dans les grandes comme dans les petites circonstances est généralement plus enclin à obéir à ses premiers mouvements qu'à peser et à raisonner ses actions par avance, l'homme se rend à peine compte ici de l'obscurité dans laquelle il marche et du peu de justesse et de portée de ses déterminations.

Mais, lors même que l'intelligence qui décide de la guerre serait assez puissante pour parcourir tous ces rapports sans perdre un instant de vue le but final à atteindre, comme les autres intelligences dans le gouvernement de l'État ne le pourraient faire, elles contrarieraient son action par leur inertie et, dès lors, pour entraîner toute la masse il lui faudrait une force de volonté si exceptionnelle que la plupart du temps elle serait insuffisante.

Qu'elle se rencontre chez l'un ou chez l'autre des adversaires ou chez tous deux, cette inconséquence fausse absolument l'idée de la guerre, en change la nature, en amoindrit la puissance et en détruit l'homogénéité.

Telle est cependant la forme bâtarde que l'action militaire a presque toujours revêtue jusqu'à l'époque récente où, après un court prélude exécuté par la Révolution française, Bonaparte, bientôt imité par ses adversaires, a fait voir l'extrême intensité de puissance qu'atteint la guerre lorsqu'on la poursuit sans repos ni trêve tant que l'ennemi n'est pas terrassé.

Ce phénomène a naturellement ramené la théorie au concept primitif de la guerre et à toutes ses conséquences rigoureuses. Avant de passer à la discussion du *plan de guerre*, il nous faut donc chercher à nous rendre compte s'il en sera désormais invariablement toujours ainsi ou s'il peut encore arriver qu'à l'avenir la guerre se présente dans les formes amoindries qu'elle affectait autrefois. Il est certain, en effet, que dans la première de ces suppositions les déductions à en tirer seraient plus faciles pour la théorie qui deviendrait ainsi plus claire, plus positive et plus invariable. Mais alors comment expliquer la forme constante dans laquelle se sont produites toutes les guerres qui ont précédé celles de Bonaparte à l'exception de celles d'Alexandre et de quelques campagnes des Romains? Ne nous faudrait-il pas les rayer de l'histoire, et n'y aurait-il pas de l'arrogance à les reléguer ainsi aux archives comme des méthodes hors d'usage? Enfin si, contre nos prévisions, dans quelques dix années une guerre de ce genre venait à éclater, si judicieuse et logique que soit notre théorie ne se trouverait-elle pas impuissante en présence des événements?

Nous sommes ainsi conduits à considérer la guerre non telle qu'elle devrait être d'après son concept mais telle qu'elle est dans la réalité, c'est-à-dire avec tous les éléments étrangers qui s'y introduisent et la modifient en raison des inconséquences, des incertitudes et de la timidité de l'esprit humain et de la pesanteur et du frottement des différentes parties de la machine militaire, et à reconnaître qu'elle naît et reçoit sa forme des idées, des sentiments et des rapports qui existent au moment où elle éclate. L'extrême énergie que l'action militaire a prise sous Bonaparte, au lendemain de la Révolution française, est le meilleur exemple que nous puissions citer à l'appui de cette assertion.

Or, s'il en est ainsi, si la guerre naît et reçoit sa forme des idées, des sentiments et des rapports du moment, elle reste soumise à tant d'éventualités, de probabilités et de chances différentes que, selon le cas, son action peut prendre les degrés d'intensité les plus divers, ou, en d'autres termes, qu'elle est tantôt plus ou tantôt moins la guerre même.

Voilà ce que la théorie doit concéder, mais en conservant toujours la forme absolue de la guerre comme le point général de direction de son enseignement, de façon que, ne perdant jamais cette forme de vue, on la considère comme la source de toutes les espérances et de toutes les craintes et que l'on s'en rapproche partout où la chose est possible ou nécessaire.

De même que c'est la couleur du fond d'un tableau qui détermine la teinte générale de l'œuvre entière, de même quand une pensée capitale s'est emparée de notre esprit et préside à ses décisions, elle communique toujours un certain ton et un certain caractère à nos actes.

En révélant la puissance de destruction que la guerre peut atteindre lorsqu'on lui livre carrière, les derniers événements militaires ont enfin permis à la théorie de proclamer ces vérités et d'en déduire des règles; jadis on les eût inutilement criées sur les toits.

personne n'eût admis comme réalisable ce dont le monde entier a été témoin aujourd'hui.

En 1798 la Prusse eût-elle envahi la France avec 70,000 hommes, si elle eût prévu qu'en cas d'insuccès la réaction qu'elle allait ainsi provoquer serait assez puissante pour bouleverser le vieil équilibre européen? En 1806, n'ayant que 100,000 hommes à opposer à Bonaparte, eût-elle osé se mesurer avec lui si elle eût compris que le premier coup de fusil allait mettre le feu à la mine et la faire sauter?

CHAPITRE III. A.

LIAISON INTRINSÈQUE DE LA GUERRE.

Selon que l'on considère la guerre dans sa forme absolue ou dans l'une des formes amoindries qu'elle revêt dans la réalité, on conçoit deux idées différentes de ses résultats.

Dans la forme absolue où tout est motivé et où toutes les actions se pénètrent et se poursuivent sans entr'actes, la multiplicité des réactions entre les deux adversaires, l'enchaînement et la succession des combats, le point limite que la victoire ne peut dépasser et au delà duquel commence le domaine des pertes et des défaites, toutes les particularités, en un mot, qui constituent le caractère de cette forme de la guerre font qu'on n'y peut considérer qu'un seul résultat, le résultat final. Jusque-là rien n'est décidé, rien n'est gagné, rien n'est perdu. C'est ici qu'il faut répéter sans cesse : *la fin couronne l'œuvre*. Ainsi conçue, la guerre est un *tout* dont les membres — les résultats partiels — n'ont isolément aucune valeur et n'en prennent que par rapport au *tout* lui-même. En 1812, par exemple, la conquête de Moscou et de la moitié de la Russie ne pouvait avoir de valeur pour Bonaparte qu'à la condition de lui procurer la paix qu'il avait en vue;

mais, par elle-même, cette conquête ne réalisait encore
qu'une partie de son plan de campagne dont la disper-
sion de l'armée russe devait être le complément. Or ce
dernier résultat, qui selon toutes les probabilités eût
rendu la paix inévitable, Bonaparte ne put plus l'atteindre pour en avoir précédemment négligé l'occasion
qui ne se présenta plus et, dès lors, tous les résultats
jusque-là obtenus lui devinrent non seulement inutiles
mais même préjudiciables.

En opposition à cette idée de la connexion des résultats à la guerre que l'on peut considérer comme extrême,
il en est une autre, extrême également, d'après laquelle
la guerre se constitue de résultats isolés dont chacun a
sa valeur individuelle et n'exerce aucune influence sur
les résultats qui le précèdent ou qui le suivent. Comme
dans le jeu en parties liées, il ne s'agit donc plus ici
que du nombre des résultats obtenus dont chacun est
porté à l'actif du gagnant sur la marque de jeu.

Or, si la première conception est vraie par la nature
même des choses, la seconde s'appuie sur l'histoire qui
révèle un grand nombre de cas où de petits avantages
ont ainsi été obtenus sans enjeux très risqués. Plus
l'élément de la guerre est modéré et plus ces cas sont
fréquents ; mais, de même qu'il n'est pas de guerre où
la première conception soit entièrement réalisable, il
n'en est pas où la seconde puisse partout suffire à l'ex-
clusion absolue de la première.

Si nous nous en tenons à la première de ces deux
conceptions, il nous faut, de toute nécessité, admettre
qu'avant même qu'une guerre ne commence on doit
en embrasser tout l'ensemble, et que, dès son premier
pas en avant, le général en chef doit déjà avoir déterminé et désormais ne plus perdre de vue le point vers
lequel toutes les lignes de son plan de campagne doivent converger.

La seconde idée permet au contraire de rechercher les avantages secondaires pour leur propre valeur et d'abandonner aux circonstances qui se présentent ensuite le soin de décider de ce qu'il convient de faire ultérieurement.

Chacune de ces deux conceptions conduisant à un résultat, la théorie les accepte l'une et l'autre ; mais elle établit entre elles cette distinction que la première est fondamentale et doit présider à toutes les dispositions tandis que la seconde ne constitue qu'une modification que les circonstances peuvent rendre nécessaire et qu'elles doivent justifier.

Ce n'était pas pour renverser son adversaire et s'assurer de solides conquêtes comme dans ses campagnes précédentes, que Frédéric le Grand poussa de Saxe et de Silésie de nouvelles pointes offensives sur les États autrichiens dans les années 1742, 1744, 1757 et 1758. En agissant ainsi i' se proposait uniquement de gagner du temps et savait d'ailleurs que, même en cas d'insuccès, il ne s'exposait pas à de grands risques (1).

Pour les Prussiens en 1806 et pour les Autrichiens en 1805 et en 1809, la situation n'était pas la même. Bien

---

(1) Si Frédéric II eût gagné la bataille de Kollin et fût parvenu à faire capituler la principale armée de l'Autriche avec ses deux généraux en chef à Prague, il eût remporté une si écrasante victoire qu'il eût pu marcher immédiatement sur Vienne et y imposer la paix à l'empire ébranlé. Ce succès, inouï pour l'époque et, en raison de l'extrême disproportion de forces entre les deux adversaires, plus extraordinaire et plus glorieux peut-être encore que ceux dont les dernières guerres nous ont donné des exemples, eût très vraisemblablement été le résultat de cette seule bataille et ne contredirait d'ailleurs en rien notre assertion qui n'a trait qu'à ce que le Roi projetait de faire dans le principe. En effet, bloquer la principale armée ennemie et la faire prisonnière ne pouvait tout d'abord entrer dans le plan d'attaque du Roi qui n'y dut penser que lorsque les Autrichiens eurent si maladroitement pris position à Prague.

que les uns et les autres ne se proposassent alors que de repousser les Français au delà du Rhin, but plus modeste encore que celui que Frédéric le Grand avait en vue dans les offensives que nous venons de citer, les circonstances et les conditions du moment imposaient à leur prudence de ne rien entreprendre avant de s'être bien rendu compte de ce qu'ils auraient vraisemblablement à faire depuis le commencement des opérations jusqu'à la conclusion de la paix soit, dans la réussite, pour tirer le plus grand parti possible de leur victoire, soit, dans le cas contraire, pour diminuer la portée de celle des Français.

Une étude approfondie de l'histoire révèle quelle était la différence des situations à ces deux époques.

Au XVIII° siècle, lors des guerres de Silésie, les gouvernements seuls prenaient intérêt à la guerre ; de chaque côté le peuple y restait étranger ou, du moins, n'y prenait part que contraint et comme un instrument aveugle. Au commencement du XIX° siècle, au contraire, les nations elles-mêmes pesaient de tout leur poids dans la balance. Les généraux opposés à Frédéric II n'étaient que les lieutenants commissionnés de leurs souverains, et par suite la prudence était le trait dominant de leur caractère. L'adversaire des Autrichiens et des Prussiens était l'incarnation même du Dieu de la guerre.

Des situations si dissemblables ne devaient-elles pas imposer des dispositions toutes différentes ? Ne fallait-il pas prévoir, n'était-il pas certain même en 1805, en 1806 et en 1809, que la guerre allait atteindre un très haut degré d'intensité et produire des résultats extrêmes ? Dès lors n'exigeait-elle pas de toutes autres dispositions et de bien plus grands efforts que précédemment quand elle n'avait pour objet que la conquête ou la conservation d'une province ou la prise ou la défense de quelques places fortes ?

Voilà ce que les gouvernements de Prusse et d'Autriche, imbus des anciens préjugés et encore confiants dans les vieilles méthodes, ne comprirent pas suffisamment, bien qu'on pût reconnaître, à leurs préparatifs, qu'ils se rendaient déjà compte de la lourdeur orageuse de l'atmosphère politique. Ce sont précisément les campagnes de 1805, 1806 et 1809 et les campagnes suivantes qui nous ont révélé l'extrême énergie de la guerre dans cette forme nouvelle, et nous ont permis d'en dégager le concept absolu.

La théorie doit donc exiger désormais que l'on cherche à se rendre compte de ce que seront vraisemblablement le caractère et les contours généraux d'une guerre en raison des grandeurs et des rapports politiques. Plus la guerre paraîtra devoir se rapprocher du caractère absolu de son concept, plus la surface sur laquelle elle paraîtra devoir s'étendre se rapprochera de la totalité des États belligérants, plus enfin les événements paraîtront devoir s'y enchaîner, et plus il conviendra, d'un bout à l'autre des opérations, de ne jamais perdre de vue le but à atteindre et de ne jamais faire un pas sans songer aux suivants jusqu'au dernier.

CHAPITRE III. B.

DE LA GRANDEUR DU BUT ET DES EFFORTS.

La contrainte qu'il nous faut imposer à l'adversaire dépend à la fois de nos prétentions politiques et des siennes. Quand ces prétentions sont connues de part et d'autre, des deux côtés la somme des efforts à produire est égale. Mais il n'en est pas toujours ainsi et cela peut être la première cause de la différence des moyens auxquels les deux adversaires ont recours.

La seconde cause peut provenir de l'inégalité de la situation et des rapports des États opposés, et la troisième de ce que les gouvernements n'ont pas le même caractère, les mêmes aptitudes et la même force de volonté.

Ces considérations apportent de l'incertitude dans le calcul de la résistance que l'on rencontrera et, par suite, dans la détermination des moyens à employer et du but à poursuivre.

Cependant, comme à la guerre les efforts insuffisants ne conduisent pas seulement à des résultats négatifs mais bien aussi à des dommages positifs, les adversaires sont portés à se surpasser l'un l'autre, ce qui les pourrait mener à la limite extrême des efforts si les exigences

de la politique ne faisaient ici contre-poids et ne les
contraignaient à restreindre la dépense de leurs moyens
à ce qui est précisément nécessaire à l'obtention du but
cherché.

Celui qui entreprend une guerre se trouve ainsi ramené et maintenu dans une voie moyenne où, n'agissant en quelque sorte que d'après le principe direct
c'est-à-dire en raison des besoins immédiats, il renonce
à la nécessité du résultat absolu pour ne viser que le
but correspondant aux fins politiques et n'y consacrer
que les forces suffisantes. . . . .

Dans ces conditions l'activité de l'esprit abandonne
le domaine de la science rigoureuse, de la logique et
du calcul et, dans toute la vérité de l'expression,
devient l'*art* de distinguer, par la finesse de l'instinct et
le tact du jugement, quels sont, dans l'énorme quantité
des objets et des rapports en présence, ceux en raison
desquels il faut directement agir parce qu'ils ont une
signification immédiate et une valeur décisive et ceux
que l'on peut négliger comme plus éloignés et de
moindre importance.

C'est ainsi que, pour déterminer la mesure des moyens
à employer dans une guerre, il faut se rendre compte
des vues politiques, de la situation, des rapports, du
caractère national et des aptitudes du gouvernement
de chacun des États opposés et comparer toutes ces
grandeurs ensemble sans omettre de laisser dans le
calcul la place nécessaire aux modifications que les
alliances politiques et les événements y pourront intro-
duire au courant de la guerre. Or, pour mener à bonne
fin une comparaison dont les termes sont si divers et
s'entrecroisent de tant de façons différentes, le raisonnement et la logique ne sauraient suffire et le coup
d'œil du génie peut seul permettre à l'esprit d'en dégager la vérité. L'empereur Napoléon avait coutume de

dire qu'un Newton hésiterait devant un problème algébrique aussi compliqué.

Mais si les complications et la crainte de la responsabilité paralysent la liberté et l'activité de l'esprit dans les natures ordinaires, elles stimulent le génie et lui donnent des ailes dans les natures supérieures, de sorte que, dans l'importante question que nous traitons ici, c'est précisément la multiplicité et l'étendue des rapports qui la compliquent qui, pour ces dernières, en rehaussent la valeur et les sollicitent à la résoudre.

Il nous faut donc tout d'abord reconnaître que le jugement à porter sur une guerre prochaine, sur le but à y poursuivre et sur les moyens à y mettre en œuvre ne peut résulter que de l'étude des traits les plus caractéristiques du moment et de l'ensemble des rapports existants; que ce jugement, comme toutes les appréciations à porter à la guerre, ne peut jamais être absolu et qu'il y faut tenir compte des qualités particulières des princes, des hommes d'État et des généraux, soit que ces personnages forment des individualités diverses, soit qu'ils se trouvent réunis en un seul et même individu.

Le sujet devient général et plus susceptible d'analyse lorsque l'on considère les rapports généraux des États tels que le temps et les circonstances les ont établis. Nous allons donc, à ce propos, jeter un coup d'œil rapide sur l'histoire.

Les Tartares à demi civilisés, les républiques de l'ancien monde, les seigneurs féodaux, les villes de commerce du moyen âge, les rois du XVIIIe siècle et les princes et les peuples du XIXe, tous font la guerre à leur manière et, par des moyens divers, y poursuivent des buts différents.

Les Tartares émigrent en masse, avec femmes et enfants, vers de nouvelles régions. Comme nombre, aucune armée ne leur est comparable. Leur but est de renverser ou de chasser l'adversaire. S'ils étaient plus civilisés rien ne résisterait aux moyens dont ils disposent.

Sauf Rome, les anciennes républiques ont peu d'étendue ; leurs armées sont restreintes car elles en excluent la grande masse, le peuple. Elles sont trop nombreuses et situées à une trop grande proximité les unes des autres pour ne pas trouver un obstacle à de grandes entreprises dans l'équilibre naturel qui ne manque jamais de s'établir entre de petits États indépendants et voisins. Aussi se bornent-elles, dans leurs guerres, à dévaster le pays plat et à assiéger quelques villes isolées dont elles cherchent à s'emparer comme appoint d'influence dans l'avenir.

Après avoir longtemps combattu comme les républiques ses voisines au moyen de faibles bandes pour l'amour du butin ou par obligations d'alliance, Rome fait seule exception à la règle et s'accroît insensiblement, moins par de véritables conquêtes qu'en s'assimilant peu à peu les populations voisines par des traités. Ayant ainsi étendu leur autorité sur toute l'Italie méridionale, les Romains apparaissent enfin comme puissance conquérante ; Carthage succombe, l'Espagne et les Gaules sont conquises, la Grèce se soumet et Rome domine en Asie et en Égypte. Ses armées sont alors énormes, mais elle ne leur demande que peu d'efforts ; ses richesses suffisent à tout. Elle ne ressemble plus aux anciennes républiques, elle ne ressemble plus à elle-même ; elle est seule de son espèce.

Les guerres d'Alexandre sont également uniques dans leur genre. A la tête d'une armée peu nombreuse mais parfaite dans tous ses éléments, il se jette comme un ouragan sur la vaste Asie qu'il traverse en en renversant les institutions vieillies et parvient jusqu'aux Indes.

Pour atteindre aussi rapidement un pareil résultat, un souverain doit organiser, recruter et diriger lui-même son armée; une république ne le pourrait faire.

Grandes ou petites, au moyen âge les monarchies faisaient la guerre au moyen d'armées féodales. Véritables confédérations, ces armées étaient formées de la réunion, en partie légale et en partie volontaire, des contingents amenés par les grands vassaux de la couronne. Dans ces conditions la durée des campagnes était naturellement très restreinte, et les opérations qu'on prévoyait ne pouvoir accomplir dans ces limites étaient considérées comme inexécutables. Basés sur la force du poignet et sur le combat individuel, l'armement et la tactique convenaient peu aux grandes masses. D'une façon générale, jamais à aucune époque le lien d'État ne fut plus relâché et le citoyen plus indépendant. Influencées et modifiées par cet état de choses, les guerres du moyen âge prirent un caractère spécial. Relativement très rapidement conduites, les temps d'arrêt y furent des plus rares et, comme on n'avait pas le temps nécessaire pour *renverser* l'ennemi, on se bornait à le châtier, et l'on rentrait chez soi après lui avoir pris ses troupeaux et brûlé ses châteaux forts.

Les grandes villes de commerce et les petites républiques du moyen âge eurent recours aux condottieri, force militaire coûteuse et par conséquent restreinte, et de valeur intrinsèque encore plus limitée. Quelle extrême énergie et quels grands efforts attendre de soldats de cette espèce! Dans ces conditions, la guerre ne fut plus l'expression des sentiments de haine ou d'hostilité dont l'État était animé contre son adversaire, et, ainsi devenue une entreprise à forfait, elle perdit une grande partie de ses dangers et changea si complètement de nature qu'aucune des règles qui la régissent d'habitude ne lui fut plus applicable.

Peu à peu cependant le système féodal se transforma en domination territoriale, les liens de l'État se resserrèrent, les obligations personnelles disparurent, et on leur substitua d'abord des prestations en nature, puis, insensiblement, un impôt en argent. Les troupes soldées commencèrent alors à remplacer les contingents féodaux. Ce furent les condottieri qui opérèrent la transition, de sorte que pendant un certain temps ces troupes devinrent aussi les instruments des grandes puissances ; mais cela dura peu, et bientôt, aux mercenaires engagés pour un temps limité, succédèrent des hommes régulièrement enrôlés et soldés. Telle est l'origine des armées permanentes entretenues aux frais du Trésor.

Il se présenta nécessairement de nombreuses combinaisons des trois systèmes dans cette lente transformation. Sous Henri IV on rencontre à la fois des contingents féodaux, des condottierri et des troupes permanentes. Les condottieri se maintinrent jusqu'après la guerre de Trente ans et l'on en trouve même encore de faibles traces dans les guerres du XVIII° siècle.

A ces diverses époques la situation intérieure et les rapports politiques des États de l'Europe ne présentaient pas moins de singularité que leur puissance militaire. Cette partie du monde se subdivisait alors en une quantité de petits États, — républiques turbulentes ou petites monarchies sans puissance gouvernementale étendue ni certaine, — dont chacun, manquant de véritable unité, ne constituait qu'une agglomération de forces sans cohésion et sans harmonie. Dans ces conditions on ne saurait regarder un État comme une intelligence capable de se diriger et d'agir d'après des règles simples et logiques.

C'est à ce point de vue qu'il convient de se placer pour considérer la politique et les guerres du moyen âge. Les expéditions que pendant cinq siècles les empereurs allemands ont constamment dirigées vers l'Italie, sans jamais parvenir ni chercher même à s'emparer définitivement de ce pays, offrent un sujet de méditations des plus instructifs à ce propos. On peut attribuer le phénomène à une faute sans cesse renouvelée par suite des idées fausses de l'époque; il est cependant plus raisonnable d'en rechercher la cause dans un grand nombre de raisons puissantes que nous sommes parfaitement en état d'apprécier aujourd'hui, mais qui, à l'époque où elles se sont produites, ont dû s'imposer avec beaucoup plus d'autorité encore. Aussi longtemps que les États sortis de ce chaos ont eu à travailler à leur concentration et à parfaire leur unité, c'est à ce grand résultat qu'ils consacrèrent leurs forces et leurs principaux efforts; il y eut donc alors peu de guerres extérieures, et ces guerres trahissent le manque de maturité de l'unité des États.

Bien que la France fût moins encore une monarchie véritable qu'une confédération composée de duchés et de comtés, et que, déjà plus unie mais troublée à l'intérieur, l'Angleterre ne comptât pareillement dans ses armées que des contingents féodaux, les guerres des Anglais contre les Français sont les premières que l'on rencontre dans l'histoire de cette époque.

Sous Louis XI la France fit le plus grand pas vers son unité; sous Charles VIII elle apparaît comme puissance conquérante en Italie; sous Louis XIV, enfin, son État et son armée permanente atteignent le plus haut degré de perfection.

L'unité de l'Espagne commence sous Ferdinand le Catholique; par des alliances matrimoniales inattendues, Charles-Quint réunit tout à coup sous son sceptre l'Espagne, la Bourgogne, l'Allemagne et l'Italie. Cette énorme monarchie n'a que peu d'unité et de cohésion intrinsèque, mais elle a d'immenses richesses et son armée permanente entre d'abord en contact avec celle de la France. Après l'abdication de Charles-Quint le colosse espagnol se subdivise en deux tronçons, l'Espagne et l'Autriche, et cette dernière, agrandie de la Bohême et de la Hongrie et remorquant après elle la Confédération allemande, entre en scène comme grande puissance.

L'époque du règne de Louis XIV — la fin du XVII* siècle — doit être considérée comme le moment où les armées permanentes ont atteint le développement qu'elles conservèrent pendant le XVIII° siècle. Les hommes étaient enrôlés et soldés. Chaque État constituait une unité parfaite, et l'impôt en argent ayant définitivement été substitué aux obligations personnelles et aux contributions en nature, toute la puissance des États se trouva concentrée dans leurs finances. Cette puissance d'ailleurs, sous l'influence d'une administration en progrès et d'une culture générale rapidement développée, s'était partout considérablement accrue. La France disposait d'environ deux cent mille hommes de troupes de campagne, et la même proportion se rencontrait en général entre l'armée et la population des autres États de l'Europe.

Les relations extérieures entre les États s'étaient aussi considérablement modifiées. L'Europe ne comptait plus qu'une douzaine de royaumes et deux républiques, et il était à prévoir que deux de ces États pourraient désormais se mesurer ensemble sans entraîner fatalement comme jadis la plupart des autres dans le conflit.

Bien que nombreuses encore, les complications politiques ne l'étaient plus assez cependant pour qu'on ne pût les embrasser toutes du regard et, dans maintes circonstances, y pourvoir par avance selon les probabilités.

Dans leurs rapports intérieurs presque tous les États avaient adopté la forme monarchique et, les assemblées provinciales ayant peu à peu perdu leur influence et leurs droits, le cabinet était devenu une unité parfaite et représentait l'État à l'étranger. Les choses, enfin, en étaient arrivées à ce point que, pourvu qu'elle disposât d'un instrument solide, une volonté indépendante pouvait désormais imprimer à la guerre une direction en rapport avec son concept absolu.

Aussi vit-on trois nouveaux Alexandre apparaître dans l'histoire à cette époque. Souverains de petits États et disposant d'armées dont l'extrême perfection compensait la faiblesse numérique, Gustave-Adolphe, Charles XII et le grand Frédéric cherchèrent à fonder de vastes monarchies et *renversèrent* tout devant eux. Si, comme Alexandre, ils eussent eu à combattre des souverains asiatiques, ils eussent joué un rôle égal au sien. Au point de vue de ce que l'on peut oser à la guerre, il convient du moins de les considérer comme les précurseurs de Bonaparte.

Mais ce que la guerre gagna ainsi en direction logique et en force, elle le perdit d'un autre côté.

Les armées étaient entretenues aux frais du Trésor que le souverain considérait, sinon comme son bien propre, du moins comme celui du gouvernement. Dans les relations diplomatiques, à l'exception de quelques questions commerciales, les cabinets ne traitaient guère que de leurs intérêts politiques et financiers et négligeaient ceux des nations. Le cabinet se regardait comme le propriétaire et l'administrateur de grands biens qu'il s'efforçait sans cesse d'augmenter sans que les contribuables fussent particulièrement intéressés à ces accroissements. Bref, alors que le peuple avait tout

été dans les expéditions des Tartares et que la bour-
geoisie, si ce n'est le peuple lui-même, avait pris une
si grande part à la direction des affaires dans les anciennes républiques et au moyen âge, au XVIII° siècle
la nation ne pouvait exercer d'influence sur la guerre
que par ses qualités ou par ses défauts.

C'est ainsi que le gouvernement s'isolant de plus en
plus de la nation et en arrivant à se considérer lui-
même comme l'État, la guerre devint exclusivement une
affaire de gouvernement. On y procédait au moyen des
écus que l'on tirait des caisses publiques et des vaga-
bonds que l'on enrôlait chez soi ou dans les pays voisins. Il en résulta que les moyens auxquels on pouvait
recourir étaient assez limités, aussi bien dans leur valeur
intrinsèque que comme durée, et que, de part et d'autre,
il était facile de les apprécier. La guerre perdait ainsi
ce qu'elle a de plus redoutable, la tendance aux efforts
extrêmes et toute la série des événements imprévus
que ces efforts peuvent produire.

On avait des données à peu près certaines sur le trésor, les ressources et le crédit de son adversaire; on
connaissait l'effectif de ses forces et l'on savait n'avoir
à redouter aucune augmentation considérable de ses
moyens pendant la guerre même. On pouvait ainsi
apprécier quelle serait la limite de ses efforts, et, en
comparant cette limite à celle où l'on savait pouvoir
soi-même porter les siens, on en arrivait à se fixer un
but moyen strictement suffisant. Se sentant dès lors à
l'abri des extrêmes, on n'avait plus besoin d'y recourir
pour y parer, et, par suite, l'énergie et l'ambition eussent seules été capables d'y porter si ces mobiles
n'eussent trouvé des contre-poids puissants dans les
relations et les intérêts politiques des différents États.
Les souverains eux-mêmes ne maniaient l'instrument
de guerre qu'avec circonspection. Hors de l'armée, en

effet, point de salut, car il n'y avait plus rien et, une fois détruite, il n'était pas possible d'en créer une autre. Les entreprises devaient donc être menées avec une extrême prudence et tout l'art du général en chef se résumait à n'employer son armée qu'à coup sûr, c'est-à-dire à ne la porter en ligne que lorsqu'une décision avantageuse paraissait certaine. Jusque-là tout planait en quelque sorte dans le vide, les forces reposaient sous les armes et, prudente et craintive, l'agression suspendait son action.

La guerre devint ainsi un véritable jeu dans lequel le temps et le hasard mêlaient les cartes. Ce n'était là, en somme, qu'une diplomatie renforcée, une manière plus énergique de négocier où les batailles et les sièges remplaçaient les protocoles et dans laquelle le plus ambitieux se contentait d'un avantage médiocre à faire valoir lors des négociations pour la paix.

Nous avons déjà reconnu que c'était en raison des principes étroits sur lesquels l'art militaire reposait alors que la guerre avait revêtu cette forme réduite. Cependant si, dans ces conditions mêmes mais avec des armées aussi parfaites que celles dont ils disposaient, des rois guerriers tels que Gustave-Adolphe, Charles XII et Frédéric le Grand ne sont pas parvenus à des succès plus extraordinaires encore que ceux qui les ont déjà si fort élevés au-dessus du niveau moyen de l'époque, il en faut rechercher la cause dans la force de l'équilibre politique qui s'était déjà établi entre les puissances de l'Europe. Ce que les intérêts immédiats, le voisinage, le contact, les alliances de famille et les rapports personnels avaient fait autrefois quand l'Europe se subdivisait en un grand nombre de petits États pour empêcher l'un d'entre eux de s'accroître tout à coup aux dépens des autres, le développement et l'importance des relations internationales le faisaient maintenant que, moins nombreux et plus grands, les États avaient leurs centres plus éloignés les uns des autres. Les intérêts politiques et les sentiments de sympathie et d'aversion s'entrecroisaient de telle sorte qu'un coup de canon ne pouvait plus se tirer en Europe sans que la totalité des Cabinets n'y prissent part.

Un nouvel Alexandre ne devait donc pas moins savoir manier la plume que l'épée, et encore lui était-il rarement possible de pousser un peu loin ses conquêtes.

Louis XIV dut lui-même se soumettre à cette manière de faire la guerre, bien qu'il projetât de renverser l'équilibre existant et qu'il fût déjà assez fort, à la fin du XVIIᵉ siècle, pour s'inquiéter médiocrement de l'hostilité générale. Sa puissance militaire était bien, en effet et sans conteste, la première de l'époque ; mais, par sa constitution, elle ne différait en rien de celle des autres États de l'Europe.

Le pillage et la dévastation du territoire de l'ennemi, qui avaient joué un si grand rôle dans les guerres des Tartares, des anciens peuples et même dans celles du moyen âge, n'étaient plus dans l'esprit de l'époque. On disait avec raison que ce procédé, inutile puisqu'il atteignait moins l'État ennemi lui-même que ses populations, ne pouvait amener que des représailles et retarder indéfiniment les progrès de la civilisation. On en arriva ainsi de plus en plus à considérer l'armée non seulement comme l'instrument unique mais comme l'objet même de la guerre. Avec ses places fortes et quelques positions préparées d'avance, l'armée constituait dans l'État un État à part, à l'intérieur duquel se consumait lentement l'élément de la guerre. Toute l'Europe se réjouit de cette tendance et la considéra comme le résultat du progrès des esprits. Ce fut là une erreur, car le progrès ne peut pas produire d'effets contradictoires et ne fera jamais que $2 \times 2 = 5$, mais cette erreur fut du moins toute à l'avantage des populations. On ne saurait méconnaître cependant que cette modification contribua beaucoup à faire de la guerre une affaire exclusive du gouvernement et à en désintéresser davantage encore la nation. A cette époque le plan de guerre consistait la plupart du temps pour l'attaquant à s'emparer d'une province, et pour le défenseur à s'y opposer ; le plan de chaque campagne se réduisait d'un côté à la prise et de l'autre à la défense d'une ou de plusieurs places fortes. On ne recherchait et ne livrait une bataille que lorsqu'elle était indispensable à ces différents propos, et le général qui s'y laissait entraîner par le seul désir de vaincre passait, par cela seul, pour imprudent et téméraire. On consacrait d'habitude toute une campagne aux travaux d'un siège, et très rarement on en entreprenait un second. On prenait enfin les quartiers d'hiver qui étaient considérés comme indispensables et, d'un accord tacite, formaient des entr'actes d'une neutralité si absolue que toute l'activité de la campagne s'arrêtait de part et d'autre et que, des deux adversaires, aucun ne songeait désormais à tirer profit de la mauvaise situation de l'autre.

Lorsque les forces étaient trop en équilibre ou que l'envahisseur était décidément plus faible que l'envahi, les choses n'en arrivaient même ni au siège ni à la bataille, et dès lors, pendant toute la campagne, les efforts tendaient à la conservation de quelques magasins, au maintien de certaines positions et à l'épuisement régulier de certaines provinces.

Aussi longtemps que la guerre fut partout conduite de la sorte et que les limites de son énergie furent si prochaines et si visibles, cette manière de procéder parut naturelle, personne n'y trouva à redire et la critique d'art militaire, dont les débuts datent précisément du

XVIII° siècle, ne s'attacha exclusivement qu'au détail sans s'occuper du commencement ni de la fin. On vit alors s'élever des réputations de tout ordre. C'est ainsi que, bien qu'il eût contribué plus que personne à faire échouer le plan de sa souveraine et à faire réussir celui de son adversaire, le feld-maréchal Daun lui-même fut proclamé grand général! Çà et là, cependant, le bon sens reprit ses droits et quelques écrivains firent remarquer que, là où l'on n'obtenait pas un résultat positif quand on disposait de forces supérieures, on conduisait mal la guerre, quelque prudence et quelque art qu'on y apportât d'ailleurs.

Les choses en étaient là lorsque la Révolution française éclata. L'Autriche et la Prusse, croyant arrêter le torrent, lui opposèrent inutilement leurs procédés mi-politiques et mi-militaires, et, tandis que l'on comptait à ce propos sur les armées affaiblies de l'époque, l'année 1793 vit tout à coup surgir la puissance militaire la plus formidable qu'on pût imaginer, celle d'un peuple de 30,000,000 d'habitants dont tous les hommes se considéraient comme citoyens de l'État et prenaient part à la guerre! Sans nous occuper ici des circonstances dans lesquelles ce prodigieux événement s'est accompli, nous allons rechercher quelles en furent les conséquences au point de vue spécial de notre étude. Tous les citoyens prenant ainsi part à la guerre, ce n'était plus comme autrefois le Cabinet avec son armée mais bien la nation elle-même qui pesait de tout son poids dans le plateau de la balance. Les moyens à mettre en œuvre et les efforts à produire n'eurent donc plus de limites déterminées et par suite, l'adversaire n'ayant pas de contre-poids à opposer à l'énergie avec laquelle la guerre pouvait être conduite, le danger devint extrême pour lui.

Si ces conséquences n'ont pas immédiatement été

sensibles et ne se sont manifestées que plus tard au grand jour; si, sous la République déjà, les généraux de la Révolution n'ont pas sans repos ni trêve poursuivi leur but et renversé toutes les monarchies de l'Europe; si parfois, enfin, les armées allemandes ont pu résister heureusement et arrêter la violence du torrent, il n'en faut rechercher la cause que dans l'imperfection technique contre laquelle, soldats, généraux et gouvernement même sous le Directoire, les Français eurent tout d'abord à lutter.

Mais tout cela se perfectionna promptement sous l'énergique direction de Bonaparte, et, dès lors, renfermant en soi toutes les forces vives de la nation et renversant tout dans sa marche, l'armée française parcourut l'Europe avec une violence d'impulsion telle qu'aussi longtemps qu'on ne lui opposa que des armées de l'ancien système l'issue de la lutte ne put jamais être un instant douteuse. La réaction cependant se produisit encore en temps utile. En Espagne la guerre devint spontanément populaire. En 1809 l'Autriche donna l'exemple d'efforts exceptionnels en formant des réserves et des landwehrs, créations qui approchaient du but et dépassaient tout ce que cet État avait fait jusqu'alors. En 1812 la Russie imita l'Espagne et l'Autriche; les dimensions colossales de l'empire permirent, en outre, non seulement de tirer parti de dispositions prises trop tardivement, mais encore d'en augmenter considérablement l'effet, et le succès fut éclatant. En Allemagne ce fut la Prusse qui se releva la première; elle appela le peuple à la guerre et, avec moitié moins d'habitants, sans argent et sans crédit, elle parvint à mettre en ligne deux fois plus de monde qu'en 1806. Le reste de l'Allemagne suivit plus ou moins vite cet exemple, et l'Autriche, enfin, reparut sur la scène, bien qu'avec des forces moins considérables qu'en 1809. C'est ainsi qu'en

1813 et 1814, si l'on fait entrer dans le calcul tout ce qui d'une façon ou de l'autre prit part à ces deux campagnes, l'Allemagne et la Russie purent enfin opposer un million d'hommes environ à la France.

Dès lors la guerre gagna beaucoup en énergie et, bien que du côté des Alliés cette énergie n'atteignît qu'en partie celle des Français et que, çà et là, on montrât encore de l'hésitation, les nouvelles campagnes furent du moins conduites avec bien plus de vigueur que les précédentes. En huit mois le théâtre de guerre fut transporté de l'Oder à la Seine, et, pour la première fois, l'orgueilleux Paris et le formidable Bonaparte durent courber la tête et se soumettre.

C'est ainsi que depuis Bonaparte, chez les Français d'abord puis partout en Europe, la guerre devint un intérêt national et, changeant de nature ou pour mieux dire revenant à sa vraie nature, se rapprocha beaucoup de son concept absolu. Les moyens à y mettre en œuvre n'eurent plus désormais de limites déterminées et ne dépendirent plus que de l'énergie et de l'enthousiasme des gouvernements et des peuples. L'étendue des ressources, la grandeur des résultats à atteindre et l'exaltation des esprits imprimèrent une extrême vigueur à l'action. Le *renversement* de l'adversaire devint le but unique de la lutte et, la guerre une fois commencée, on ne s'arrêta plus pour traiter qu'après avoir réduit l'ennemi à l'impuissance.

Délivrée de toute entrave de convention par la participation du peuple à ce grand intérêt des États, la guerre revêtit enfin sa forme naturelle et se montra dans toute sa force, phénomène qu'il convient d'attribuer en partie aux changements intérieurs que la Révolution française introduisit dans les nations et en partie aux dangers dont le peuple français menaçait les autres peuples.

Quant à savoir si les guerres de l'avenir, mettant ainsi en jeu les plus grands intérêts des nations, seront toutes dorénavant conduites avec la puissance entière des États ou si peu à peu les gouvernements et les peuples ne sépareront pas de nouveau leurs intérêts, nous n'avons pas la prétention de trancher cette question; mais on nous accordera sans doute que, maintenant qu'on les a dépassées, on ne reviendra pas facilement aux limites dans lesquelles on ne s'est si longtemps renfermé que par ignorance du moyen puissant qu'on avait à sa disposition, et que, par suite et pour le moins chaque fois qu'il s'agira d'un grand intérêt, le principe d'hostilité se manifestera de part et d'autre avec la violence qu'on lui a déjà vu prendre.

Nous terminerons ici cet aperçu historique dans lequel nous n'avons nullement cherché à indiquer les principes généraux qui ont présidé à la conduite de la guerre aux différentes époques, mais bien à montrer que, soumise à chaque époque à des conditions différentes, la guerre a pris chaque fois une forme spéciale et un caractère particulier et que, par conséquent, à chaque époque correspond une théorie de guerre spéciale, quels que soient d'ailleurs les principes philosophiques sur lesquels on ait partout, tôt ou tard, cherché à la faire reposer. On ne peut donc juger les événements militaires d'une époque et apprécier la valeur de ses généraux qu'en ayant chaque fois égard aux principaux rapports et au caractère de cette époque.

Néanmoins, de toutes les manières différentes dont il a fallu conduire la guerre en raison des rapports particuliers et des forces militaires de chaque époque, il se dégage des principes généraux dont la théorie doit spécialement tenir compte.

La guerre n'ayant atteint sa forme absolue que dans les derniers temps, ce sont nécessairement les principes

généraux qui découlent des dernières guerres qui ont
le plus de valeur pratique et se plient le mieux aux circonstances imprévues.

A l'avenir la guerre ne prendra sans doute pas toujours des proportions si grandioses, mais il est vraisemblable que désormais la vaste carrière qu'elle a
déjà parcourue ne lui sera plus fermée. La théorie
ne saurait donc, se bornant à prescrire des règles pour
la guerre absolue, considérer et rejeter comme des
fautes toutes les influences étrangères qui peuvent en
modifier la nature; pour être complète et reposer sur
des données réelles, elle doit embrasser du regard les
rapports multiples dont la guerre peut sortir, en exposer les lignes principales, et ménager partout la place
nécessaire aux événements que l'époque ou le moment
peuvent produire.

Nous terminerons en disant que, bien que le but que
l'on se propose et les moyens que l'on met en œuvre
dépendent essentiellement de la situation dans laquelle
on se trouve au moment où l'on entreprend une guerre,
ce but et ces moyens portent néanmoins toujours l'em-
preinte de l'époque et de ses caractères généraux et
restent soumis aux modifications que la nature de la
guerre leur impose.

CHAPITRE IV.

DÉTERMINATION PLUS PRÉCISE DU BUT A ATTEINDRE. RENVERSEMENT DE L'ENNEMI.

Tout ce que nous allons exposer dans ce chapitre repose sur l'idée fondamentale que, d'après son concept, la guerre doit toujours tendre au *renversement* de l'adversaire.

Que faut-il donc entendre par cette expression?

Pour *renverser* l'ennemi il n'est pas toujours nécessaire de se rendre maître de la totalité de son territoire. En 1792 les armées de la France ne constituaient pas encore par elles-mêmes une grandeur indépendante et, sans même les avoir battues au préalable, il eût vraisemblablement suffi d'atteindre Paris pour mettre provisoirement fin à la guerre avec le parti de la Révolution, tandis qu'en 1814, tant que Bonaparte eût encore disposé de forces considérables, on n'eût pas tout obtenu en s'emparant de la capitale. Plus tard, par contre, une première fois dans cette même année 1814 puis en 1815, l'armée française se trouvant en partie détruite, la prise de Paris exerça une influence décisive.

En 1812 si Bonaparte, soit avant soit après qu'il eût

atteint Moscou, fût parvenu — comme il avait fait de
l'armée autrichienne en 1805 et de l'armée prussienne
en 1806 — à disperser l'armée russe de 120,000 hommes
qui se trouvait sur la route de Kalouga, l'entrée des
Français dans la seconde capitale de l'Empire eût selon
toutes les probabilités amené la paix, bien qu'une
énorme partie du territoire russe restât encore libre.

En 1805 lorsque l'armée française se fut emparée de
Vienne et des deux tiers des États autrichiens, comme
il lui restait à se mesurer avec l'armée russe, il fallut
encore la victoire d'Austerlitz pour décider du sort de
la campagne. Mais après cette bataille, l'empereur
Alexandre n'ayant pas d'autre armée à proximité, la
paix devint inévitable quoique la Hongrie entière fût
encore inoccupée. Il est vraisemblable même que, si les
Russes eussent rejoint les Autrichiens sur le Danube et
eussent partagé leur défaite, la prise de Vienne n'eût
pas été nécessaire et que la paix se fût déjà imposée à
Linz.

Dans d'autres circonstances la conquête entière de
l'État ne suffit pas. C'est ainsi qu'en 1807, en Prusse,
les Français n'ayant remporté qu'une victoire indécise
sur l'armée russe de secours à Eylau, il leur fallut
encore remporter la bataille décisive de Friedland
pour obtenir le même résultat qu'en 1805 à Austerlitz.

On voit de nouveau ici que ce ne sont pas les causes
générales qui décident du résultat. Les causes indivi-
duelles qui ne se révèlent que sur les lieux mêmes, un
grand nombre de causes morales dont on ne parle jamais, de petits accidents, le hasard même exercent souvent une influence décisive.

La théorie doit donc se borner à recommander de ne
jamais perdre de vue les rapports dominants et les intérêts actuels des deux États. Par leur combinaison, en
effet, ces rapports et ces intérêts déterminent de part

et d'autre un certain centre de gravité, de puissance et de mouvement dont tout le reste dépend. Or, lorsqu'on l'a découvert chez l'adversaire, c'est contre ce centre de gravité qu'il faut désormais et sans interruption diriger le choc général de toutes les forces réunies.

Alexandre, Gustave-Adolphe, Charles XII, Frédéric le Grand avaient leur centre de puissance dans leurs armées. Ces armées une fois dispersées, ces grands hommes eussent mal achevé leurs rôles.

C'est dans les objets suivants qu'il faut, selon les circonstances, chercher à atteindre le centre de puissance d'un État :

1° Dans la capitale en général, lorsque l'État est déchiré par des dissensions intestines.

2° Dans l'armée de secours, lorsque de petits États sont soutenus par un allié puissant.

3° Dans l'unité des intérêts, lorsque plusieurs États se coalisent ensemble.

4° Dans la personne des chefs et dans l'opinion publique, quand il s'agit d'une nation entièrement soulevée et en armes.

Tels sont les objets contre lesquels le choc doit être dirigé. L'adversaire perd-il l'équilibre? sans lui laisser le temps de le reprendre, il faut redoubler d'efforts en agissant toujours dans le même sens. Il faut, en d'autres termes, concentrer toutes ses forces en un tout unique et, avec ce tout, ne jamais agir contre une partie secondaire de l'ennemi. Ce n'est pas en utilisant sa supériorité à s'emparer facilement d'une province, et en préférant à de plus grands succès la possession moins aléatoire de cette petite conquête, mais bien en cherchant à atteindre coûte que coûte, sans cesse et partout le cœur même de la puissance de l'adversaire, que l'on arrive enfin à le terrasser et à lui faire demander merci.

Quels que soient cependant les rapports de l'adversaire en raison desquels on se décide à agir, comme ses forces armées constituent l'un de ses organes les plus essentiels, il faut toujours commencer par les désorganiser et les vaincre.

D'après les leçons de l'expérience, c'est surtout par les moyens suivants que l'on arrive à *renverser* l'adversaire :

1° En dispersant d'abord son armée, quand cette armée constitue par elle-même un facteur en quelque sorte indépendant.

2° En s'emparant de sa capitale lorsqu'elle est à la fois le siège des autorités et des corps de l'État et le centre des partis politiques.

3° En portant un coup violent à l'allié principal, quand celui-ci est plus puissant que l'adversaire lui-même.

N'ayant encore eu à traiter que de considérations générales, jusqu'ici nous nous en sommes tenus à l'hypothèse d'un adversaire unique, et nous avons reconnu que, pour le *renverser*, il fallait vaincre la résistance des forces réunies en son centre de gravité. Nous allons maintenant étendre la question et voir quelles modifications elle comporte quand on a affaire à un plus grand nombre d'adversaires.

Lorsque deux ou plusieurs États se coalisent contre un autre, quoi que cela ne constitue politiquement qu'une seule et même guerre, on comprend bien cependant que, d'un cas à l'autre, l'accord politique puisse présenter des degrés très différents. Dans telle guerre, en effet, chacun des coalisés aura son intérêt particulier qu'il poursuivra avec les forces nécessaires et dans son indépendance propre ; dans telle autre, au contraire, les intérêts se réuniront par groupes et les coalisés uniront plus ou moins leurs forces dans une action commune. Plus la coalition affectera le second de ces caractères et plus il nous sera possible de considérer nos adversaires comme n'en faisant qu'un et, par conséquent, de réduire le nombre de nos entreprises décisives ou même de les ramener à la forme simple d'un grand choc unique. Or, nous venons de le reconnaître, tel est le moyen le plus efficace de *renverser* l'ennemi.

Il faut donc établir en principe que, tant que nous serons en état de vaincre la totalité de nos adversaires en en terrassant un seul, tous nos efforts devront se réunir contre celui-là, parce que c'est en lui que se trouve le centre de gravité de toute la guerre.

Il est peu de cas où cette conception ne soit admissible et où l'on ne puisse ramener plusieurs des centres de gravité de l'ennemi à un seul. Là cependant où la chose n'est pas réalisable, il ne reste évidemment qu'à considérer la guerre comme en constituant deux ou un plus grand nombre ayant chacune son but particulier, et dès lors, comme cela suppose l'indépendance d'action de plusieurs des adversaires et par suite la supériorité générale de leurs forces coalisées, il ne peut plus être question de les *renverser*.

Pour que nous puissions raisonnablement viser un pareil résultat, en effet, il nous faudrait disposer de forces armées assez considérables non seulement pour remporter une victoire décisive sur l'ennemi, mais encore pour le poursuivre et le harceler jusqu'au point où il ne pourrait plus désormais se relever ni reprendre son équilibre. Il nous faudrait, en outre, être assez sûrs de nos rapports politiques pour n'avoir pas à redouter qu'un pareil résultat ne nous suscitât aussitôt de nouveaux adversaires assez puissants pour nous forcer à lâcher prise.

En 1806, bien qu'elle sût qu'elle allait par là attirer contre elle toutes les forces militaires de la Prusse, la France n'hésita pas néanmoins à renverser cette puissance, parce qu'elle savait qu'en Prusse même, une fois ce résultat obtenu, elle serait en état de se défendre contre ce nouvel adversaire.

La France put encore agir de même en Espagne par rapport aux Anglais en 1808, mais non par rapport aux Autrichiens. En 1809 cette puissance dut en effet rappeler une grande partie de ses forces de la Péninsule où elle eût même dû renoncer à continuer la guerre si elle n'avait déjà possédé une grande supériorité morale et physique sur l'Autriche.

Il importe donc de bien considérer ces trois degrés, de peur, après avoir gagné le procès en première et en deuxième instances, de le perdre en troisième et, par suite, d'avoir à en payer les frais.

Lorsque l'on suppute ainsi les forces et que l'on cherche à se rendre compte de ce qu'elles peuvent produire, on est souvent porté, par analogie avec les lois de la dynamique, à faire entrer le temps comme un élément de force dans le calcul ou, en d'autres termes, à croire que ce que la totalité des forces peut produire en un temps donné, la moitié des mêmes forces le peut réaliser en un temps double. Bien que cette pensée s'impose toujours plus ou moins dans l'élaboration du plan de guerre, elle est absolument fausse.

A la guerre, comme partout, il faut un certain temps pour accomplir un acte quelconque. Il est clair, par exemple, qu'on ne peut parcourir à pied en huit jours la distance qui sépare Wilna de Moscou, mais où trouver ici trace de l'action réciproque qui se manifeste dans la dynamique entre le temps et les forces ?

Chacun des adversaires a besoin de temps à la guerre, mais, si l'on fait abstraction des cas particuliers, c'est

manifestement dans la situation de celui qui *succombe*
que le temps peut le plus promptement apporter un
changement favorable. Les États neutres ne voient pas
sans envie, sans jalousie et sans inquiétude les succès
du vainqueur, et ces sentiments, ainsi parfois que celui
d'une généreuse sympathie pour le vaincu, deviennent
les plus sûrs appuis de celui-ci, soit qu'ils lui créent
des alliés, soit qu'ils en enlèvent à son adversaire.
Nous avons déjà reconnu, d'un autre côté, que l'utili-
sation d'une première victoire exige de la part du vainqueur une très grande dépense de forces non seulement
immédiate mais même longtemps prolongée; or les
ressources qu'il tire des provinces dont il s'est emparé
ne suffisent pas toujours à ce surcroît de dépenses et,
comme ses obligations augmentent peu à peu, il peut
arriver qu'il soit hors d'état d'y satisfaire, et, dès lors,
le temps amène à lui seul un revirement dans la situation.

Quelle comparaison établir entre les ressources de
toutes sortes que Bonaparte put tirer de la Pologne et
de la Russie en 1812 et les 100,000 hommes qu'il lui
eût fallu envoyer à Moscou pour pouvoir se maintenir
dans cette ville?

Ce n'est, en somme, que lorsque le mal commence à
s'étendre comme un ulcère rongeur, c'est-à-dire lorsque
les provinces déjà conquises ont, par elles-mêmes ou
par leur situation, une assez grande importance pour
entraîner, dans un temps plus ou moins long et sans
efforts nouveaux, la soumission du reste du territoire,
ce n'est qu'alors, disons-nous, que le conquérant peut
plus gagner que perdre à la prolongation de l'état des
choses. Dans ce cas, en effet, si l'envahi ne reçoit aucun secours extérieur, le temps peut à lui seul achever
l'œuvre commencée. Mais, lorsque le temps devient
ainsi son auxiliaire, c'est précisément au moment où

le vainqueur peut se passer de tout appui, car déjà
le principal est fait, le danger du point limite de la
victoire évité et tout revirement impossible. L'adversaire en un mot, désormais incapable de tout nouvel
effort, est déjà terrassé.

Nous avons cherché à démontrer, par ce raisonnement, que jamais on ne peut assez promptement achever une conquête et qu'elle présente d'autant plus de
difficulté qu'il est nécessaire d'en répartir l'action sur
un plus grand espace de temps. Nous proclamons en
outre que, lorsque l'on est assez fort d'une façon générale pour mener à bonne fin une conquête, on le doit
être assez pour l'achever d'un trait sans à-coups. Il va
de soi que nous ne parlons pas ici des temps d'arrêt de
peu d'importance tels que ceux qui sont nécessaires à
la concentration des troupes et aux autres dispositions
préparatoires.

D'après nous, le caractère essentiel de la guerre
offensive est donc la rapidité, la décision et la continuité de l'action. Nous sapons ainsi dans ses bases la
doctrine prétendue méthodique qui oppose à l'incessante progression de la conquête une marche plus
prudente et plus sûre. Les apparences semblent condamner notre manière de voir, et ceux-là mêmes qui
nous ont suivi jusqu'ici la trouveront sans doute para-
doxale. Elle est absolument contraire à l'opinion généralement admise, opinion que les écrivains ont mille
fois exprimée et qui, comme tous les préjugés, a jeté
des racines profondes dans les esprits. Nous allons donc,
pour y répondre, rechercher tout d'abord les objections
qu'elle peut soulever.

Lorsque l'on poursuit un but éloigné, s'il s'en présente un intermédiaire, des deux le plus proche est nécessairement le plus facile à atteindre, mais, à moins que
cela ne concorde précisément avec le premier projet,

il ne s'ensuit pas qu'en retardant ainsi l'entreprise on en rende l'exécution plus facile. Un petit bond exige moins d'efforts qu'un grand, et cependant personne ne s'avisera de ne prendre qu'un faible élan pour franchir un large fossé.

Cherchons à nous rendre compte de la manière dont on procède dans une guerre offensive prétendue méthodique :

1° On fait le siège des places fortes que l'on rencontre.

2° On rassemble les approvisionnements nécessaires.

3° On fortifie les endroits de dépôts, les ponts, les positions et autres points importants.

4° On répartit les troupes dans des quartiers d'hiver ou de repos.

5° On attend les renforts de l'année suivante.

En apportant ces temps d'arrêts dans les mouvements de l'offensive, en en suspendant ainsi formellement le cours, on croit se procurer une nouvelle base et une puissance nouvelle, comme si l'État lui-même marchait à la suite de l'armée et en reconstituait les forces au début de chaque campagne.

En procédant ainsi on peut bien rendre la guerre offensive plus commode, mais on ne saurait en rendre le succès plus certain. En somme, on ne cherche généralement par là qu'à dissimuler le manque d'énergie du commandement ou l'irrésolution du cabinet. Nous allons examiner chacun de ces procédés afin de nous rendre compte de leur véritable valeur.

1° La conquête des places fortes de l'ennemi ne constitue nullement une suspension mais bien un progrès effectif de l'offensive, et l'on ne saurait, par suite, confondre les temps d'arrêt apparents qui en sont la conséquence avec les temps d'arrêt dont nous nous occupons ici et qui suspendent ou diminuent réellement la marche de l'action. Quant à décider s'il est plus favorable à l'obtention du but final d'assiéger immédiatement, de bloquer ou simplement d'observer une place forte, cela dépend des circonstances. En tout cas il ne faut négliger une place forte ou se borner uniquement à la surveiller que lorsqu'elle n'est pas en situation de compromettre sérieusement la continuation de la marche en avant. Quand on n'a rien à craindre à ce propos et qu'on dispose encore d'assez d'espace pour développer toutes ses forces, il vaut mieux ne procéder aux sièges qu'après avoir entièrement terminé le mouvement offensif. Il faut donc bien prendre garde ici de se laisser entraîner à négliger ce qui a le plus d'importance en cédant à la tentation de mettre promptement en sûreté ce dont on s'est déjà emparé. Il est vrai qu'en procédant ainsi on semble remettre immédiatement au jeu ce que l'on a déjà gagné..... (1).

2° Grâce aux procédés auxquels on a recours aujourd'hui pour assurer les subsistances des troupes en campagne, les magasins sont plus nécessaires en station qu'en marche. Tant que l'offensive progresse, les approvisionnements enlevés à l'ennemi compensent la pauvreté des provinces que l'on traverse.

3° On peut fortifier les villes et les positions sans y employer les troupes; on n'a donc aucun motif d'immobiliser l'armée à ce propos.

4° Que gagne-t-on à se refaire et à se reposer dans des quartiers d'hiver ou de repos, quand l'adversaire en fait autant de son côté?

5° L'adversaire a autant, si ce n'est même plus d'avantages que nous à attendre de nouvelles forces. Il est certain, en outre, qu'un État peut à peu de chose

---

(1) La phrase est inachevée dans le texte allemand.

près porter en ligne autant de troupes en une année qu'en deux, car, en comparaison du nombre d'hommes qu'il appelle sous les armes dès la première année, le contingent que l'année suivante est en mesure de lui fournir ne peut être que très faible.

Nous croyons donc que toute station, tout temps d'arrêt, tout entr'acte est irrationnel dans la guerre offensive, et que, lorsque la chose est inévitable, cela ne peut que rendre le succès plus douteux. Pour être rigoureusement vrai, il faut même ajouter d'une façon générale que, de tout point où l'on est obligé de s'arrêter par faiblesse, on ne peut plus prendre un nouvel élan pour arriver au but et que, là où ce second élan est possible, le temps d'arrêt n'est pas nécessaire. Nous croyons, en un mot, que lorsque dès le principe le but à atteindre est trop éloigné pour les forces dont on dispose, il le restera toujours.

Nous ne parlons ici qu'au point de vue général et cherchons seulement à éloigner l'idée que, par lui-même, le temps puisse modifier favorablement la situation de l'attaquant. Mais, comme d'une année à l'autre les rapports politiques peuvent changer, il est clair que cette règle générale présentera toujours de nombreuses exceptions.

Il ne faut pas perdre de vue que tout ce que nous disons ici n'est pas moins applicable au défenseur quand il passe à l'offensive, qu'à l'attaquant lui-même aussi longtemps qu'il persévère dans la forme initiale de son action. Il est certain que celui des deux adversaires qui se sent en état de prétendre au renversement absolu de l'autre ne se résoudra pas facilement à recourir à la forme défensive dont le but immédiat n'est que la conservation, mais, comme nous avons reconnu que dans la stratégie aussi bien que dans la

tactique toute défensive sans principe positif est
absurde, et que, par conséquent, dès que les avantages
de la forme défensive sont épuisés le défenseur doit
avec toutes ses forces passer à l'offensive, il est parfaitement admissible non seulement que dès le principe
le but du défenseur soit de renverser son adversaire s'il
y peut arriver, mais même que celui des deux belligérants qui a formellement en vue le renversement de
l'autre préfère débuter par la forme défensive.

Au commencement de la campagne de 1812 l'empereur Alexandre ne soupçonnait peut-être pas la grandeur de la catastrophe à laquelle la guerre allait conduire son adversaire, mais l'eût-il réellement prévu
que rien n'eût cependant été plus naturel de la part
des Russes que de débuter par la défensive.

CHAPITRE V.

DÉTERMINATION PLUS PRÉCISE DU BUT A ATTEINDRE.
(Suite).
BUT RESTREINT.

Dans le chapitre précédent, nous avons exposé pour quelles raisons, lorsqu'il est réalisable, le *renversement* de l'ennemi doit, absolument parlant, être considéré comme le but même de la guerre. Nous allons rechercher maintenant ce que l'on peut encore faire quand on n'est pas en situation d'aspirer à un si grand résultat.

Pour songer à renverser l'ennemi, il faut disposer sur lui d'une supériorité morale ou physique très considérable, ou, du moins, avoir l'esprit porté aux grandes entreprises et aux coups d'extrême audace. Là où ces deux conditions font l'une et l'autre défaut, le but de la guerre ne peut plus être que de deux sortes, soit la conquête d'une partie plus ou moins grande du territoire de l'ennemi, soit, et c'est habituellement le cas de la guerre défensive, la conservation, en attendant des temps meilleurs, du territoire actuellement possédé.

En attendant des temps meilleurs, avons-nous dit, et l'expression seule indique déjà suffisamment dans quelles circonstances chacun des deux procédés est à

sa vraie place. En effet, tant que l'on a quelque avantage à attendre de l'avenir, il est logique d'attendre
et par conséquent de rester sur la défensive, tandis que,
dès que l'inaction ne peut que profiter à l'adversaire, il
convient au contraire de prendre l'offensive ou de
l'accentuer.

Il peut cependant se présenter un troisième cas qui
est peut-être le plus fréquent; c'est celui où, des deux
belligérants, aucun n'ayant un avantage déterminé à
attendre de l'avenir, ni l'un ni l'autre n'ont de motif
déterminant d'action. En pareille occurrence l'offensive
revient manifestement à celui des deux adversaires
qui, étant politiquement l'attaquant, a pour lui le principe positif, car c'est ce qui lui a fait prendre les
armes et tout le temps qui s'écoule sans motif suffisant est perdu pour lui.

Si, dans le choix à faire entre les deux formes de l'action à la guerre, nous indiquons ici des motifs qui n'ont
absolument rien de commun avec le rapport des forces,
alors qu'il pourrait sembler beaucoup plus naturel de
laisser ce rapport exercer la principale influence à ce
propos, c'est que nous croyons précisément qu'en procédant ainsi on sortirait de la bonne voie. La série de
nos conclusions nous paraît trop logique et trop simple
pour qu'on en conteste la justesse; voyons cependant si,
dans l'application, elles peuvent conduire à l'absurde.

Représentons-nous un petit État en conflit avec des
forces très supérieures et prévoyant que, d'année en
année, sa situation ne fera qu'empirer; s'il ne peut
éviter la guerre ne devra-t-il pas profiter du moment
où sa situation est encore la moins mauvaise? Il lui faut
donc attaquer, non pas qu'en soi-même l'attaque lui
soit avantageuse, — elle ne peut qu'accentuer son
infériorité, — mais parce qu'il éprouve le besoin, soit
de se tirer d'affaire avant de se trouver dans une situa-

tion plus dangereuse, soit, du moins, de se procurer par avance quelque compensation qu'il cherchera plus tard à faire valoir. Ce raisonnement ne peut paraître absurde. Si ce petit État avait la certitude absolue que ses adversaires dussent se porter offensivement contre lui, n'ayant plus à craindre de perdre du temps, il lui serait alors loisible de recourir à la défensive dans l'espoir d'en tirer un premier résultat avantageux.

Allons plus loin et représentons-nous de nouveau un petit État en conflit avec un adversaire plus puissant que lui, mais, cette fois, dans une guerre où l'avenir ne peut pas exercer plus d'influence sur les décisions de l'un que sur celles de l'autre. Si le petit État est politiquement l'agresseur, c'est-à-dire si malgré les conditions d'infériorité dans lesquelles il se trouve il a la hardiesse de choisir le rôle positif, à moins que son adversaire ne le prévienne, nous exigeons encore de lui qu'il aille de l'avant et marche vers son but. Toute hésitation de sa part, toute perte de temps dans l'exécution serait illogique s'il ne renonçait dès lors complètement à ses vues politiques; ce qui arrive fréquemment, d'ailleurs, et contribue beaucoup à donner aux guerres le caractère indécis qui fait le désespoir de l'observateur et du philosophe.

Nous consacrerons deux chapitres au développement de ces considérations sur le but restreint dans l'offensive et dans la défensive. Mais il nous faut d'abord examiner un autre côté de la question.

Jusqu'ici c'est dans la guerre elle-même que nous avons recherché les causes des modifications que subit le but militaire, et, tant que le but politique n'a pas exercé d'influence positive à ce propos, nous l'avons laissé de côté. Dans le fait, l'idée politique et l'action militaire sont parfaitement étrangères l'une à l'autre. Au courant de cet ouvrage nous avons cependant maintes fois dû reconnaître que les intentions politiques, les rapports avec les États étrangers et le plus ou moins d'étendue des prétentions des belligérants exercent l'influence la plus décisive sur la conduite de la guerre. C'est à l'étude de cette importante question que nous allons consacrer le chapitre suivant.

CHAPITRE VI. A.

INFLUENCE DU BUT POLITIQUE SUR LE BUT MILITAIRE.

Jamais on ne verra un État apporter autant d'énergie à soutenir la cause d'un autre que la sienne propre. On envoie une armée de secours, mais, si l'action commune tourne mal, on considère l'obligation comme à peu près remplie et on cherche à s'en tirer au mieux de ses intérêts.

Il est de tradition en Europe que les États s'engagent les uns envers les autres, par des traités d'alliance offensive et défensive, à se prêter un mutuel appui en cas de guerre, sans mettre cependant par là leurs intérêts et leurs inimitiés en commun, mais en se bornant à se promettre réciproquement des troupes d'effectifs déterminés et généralement très restreints et sans plus avoir à tenir compte de l'objet même de la guerre que de la grandeur des moyens que l'adversaire y mettra en œuvre. Par un pareil acte, les contractants ne se considèrent point comme engagés dans une guerre proprement dite devant commencer par une déclaration en forme pour ne finir que par un traité de paix. L'idée n'a jamais été nettement déterminée à ce propos et l'usage est constamment variable.

La chose présenterait déjà plus d'ensemble et embarrasserait moins la théorie si le secours promis de 10,000, 20,000 ou 30,000 hommes était mis de telle sorte à la disposition de l'allié en état de guerre que celui-ci le pût employer selon ses vues et ses besoins, car il le pourrait alors considérer comme un corps à sa solde; mais il en est rarement ainsi et, d'habitude, les troupes auxiliaires conservent leur commandant en chef qui ne dépend que de sa cour et ne dépasse pas les limites qu'elle lui fixe.

Lors même que deux États s'unissent réellement pour faire la guerre à un troisième, ce n'est pas toujours qu'ayant à redouter d'être anéantis par celui-ci ils cherchent à l'anéantir lui-même. Bien souvent ils ne font ainsi qu'une sorte d'opération commerciale. Chacun d'eux, après avoir calculé ce qu'il peut perdre ou gagner à la guerre, apporte au fond commun un capital de 30,000 ou 40,000 hommes, et agit comme s'il ne pouvait risquer davantage à l'opération.

On n'a pas seulement recours à cette réserve diplomatique dans les alliances en vertu desquelles un État peut se trouver appelé à combattre pour des intérêts qui lui sont passablement étrangers, elle préside aussi à des traités conclus en vue d'intérêts communs considérables, et, la plupart du temps, les contractants ne se promettent réciproquement que des contingents d'effectif déterminé et restreint, afin de garder le reste de leurs forces en réserve pour en disposer selon que les éventualités de la politique le pourront exiger.

C'est là ce que, récemment encore, on entendait par une guerre d'alliance, et il n'a pas fallu moins que l'extrême danger auquel la puissance illimitée de Bonaparte a exposé l'Europe pour ramener les esprits dans la voie naturelle. Ainsi pratiquée, la guerre d'alliance est une demi-mesure, une anomalie, car la guerre et la paix sont l'une et l'autre des notions absolues qui ne comportent pas de gradation. Quand le phénomène se produit, cependant, on aurait tort de ne l'attribuer qu'aux seuls errements de la diplomatie; c'est dans les préjugés de l'esprit humain qu'il en faut rechercher la véritable origine.

L'idée politique qui préside à la guerre exerce aussi une grande autorité sur la manière de la conduire. Quand le sacrifice que l'on veut exiger de l'ennemi n'est pas considérable, il suffit de s'emparer d'un objet de valeur équivalente, et l'on espère y parvenir en n'y consacrant que peu d'efforts. L'adversaire fait habituellement un raisonnement à peu près semblable. Qu'il arrive maintenant que, d'un côté ou de l'autre, on ait commis quelque erreur de calcul et que l'on se trouve trop faible, en général le manque d'argent ou de moyens immédiatement disponibles et, souvent même, le manque d'énergie morale s'opposent à ce qu'on y remédie. On se tire alors d'affaire comme on peut, et, sous prétexte d'attendre des occasions plus favorables qu'on sait bien ne devoir jamais se présenter, on laisse la guerre s'éteindre peu à peu comme un malade épuisé.

C'est ainsi qu'en en retardant l'action par de faibles motifs on enlève à la guerre sa violence naturelle et son caractère de ténacité. Dès lors, en effet, plus d'émulation, plus de réaction par influence réciproque entre les adversaires qui ne se meuvent plus que sur des espaces restreints et dans une sorte de sécurité.

Il faut non seulement admettre cette influence du but politique sur la guerre, car elle est manifeste, mais il faut même reconnaître qu'elle est parfois sans limite. C'est ainsi qu'il est des guerres dont le but est uniquement de menacer l'adversaire et d'appuyer des négociations.

Tout cela, cependant, est en opposition avec l'idée
même de la guerre, et la théorie, manquant ainsi de
tout point d'appui, aurait fort à faire pour édicter des
règles logiques à ce propos. Mais il se présente ici un
expédient naturel. Plus la guerre perd de sa violence,
ou mieux plus les motifs qui y sollicitent à l'action deviennent faibles, et moins l'action elle-même prend d'intensité et, par conséquent, moins on a besoin de principes et de règles. Dès lors, en effet, tout consiste à agir
avec prudence, afin de rester en équilibre et de maintenir la guerre dans cette forme réduite.

CHAPITRE VI. B.

LA GUERRE EST UN INSTRUMENT DE LA POLITIQUE.

Jusqu'ici, pour n'en négliger aucun, nous avons dû rechercher séparément chacun des intérêts sociaux qui, bien que de nature essentiellement contraire à la guerre, entrent néanmoins en contact avec elle dans son application par l'homme. Nous allons maintenant rechercher comment ces éléments contradictoires, après s'être en partie neutralisés les uns par les autres, se joignent, s'amalgament et forment enfin une unité dans la vie pratique. Cette unité prend son principe dans l'idée que, dans son application par l'homme, *la guerre n'est qu'une partie du commerce politique et n'est par conséquent pas une grandeur indépendante.*

Tout le monde sait que la guerre est l'une des conséquences des relations politiques entre les gouvernements et les peuples, mais généralement on s'imagine que ces relations cessent par le fait même de la guerre et qu'il s'établit aussitôt un état de choses spécial régi par des lois particulières.

Nous affirmons, au contraire, que la guerre n'est que la continuation du commerce politique avec immixtion d'autres moyens. Avec immixtion d'autres moyens, disons-nous, afin d'indiquer par là que, loin de cesser ou de se modifier par la guerre, le commerce politique, quels que soient d'ailleurs les moyens employés, persiste dans son essence même et détermine, d'un bout à l'autre des opérations, les lignes générales suivant lesquelles les événements de la guerre se poursuivent et auxquelles ils se rattachent. Il ne saurait en être autrement, et jamais la cessation des notes diplomatiques n'a entraîné l'interruption des rapports politiques entre les gouvernements et les peuples. La guerre n'a jamais été qu'un moyen plus énergique d'exprimer la pensée politique dans un langage qui, s'il n'a pas sa logique propre, a du moins sa grammaire à lui.

On voit par là que la guerre ne doit jamais être séparée du commerce politique, et que, lorsque le fait vient à se produire, il entraîne en quelque sorte la rupture de tous les rapports, ce qui conduit à un état de choses irrationnel et sans but.

C'est de cette manière qu'il faudrait même se représenter la guerre si, manifestation de la haine la plus sauvage entre deux peuples, elle pouvait jamais en arriver à l'extrême absolu de son concept. En effet, la puissance des États opposés, leurs alliances, le caractère des deux gouvernements, celui des deux peuples et tous les éléments qui entrent dans le calcul d'une guerre et en déterminent les lignes principales se tiennent en relations si intimes avec le commerce politique que, dans ces conditions même, il serait impossible de les en séparer. Dans la réalité, cependant, cette manière de se représenter la guerre est encore plus logique, car, restant toujours de bien loin en deçà de son concept absolu, elle ne constitue dès lors qu'une action incomplète et contradictoire en soi, et, comme telle, reste soumise à la politique dont elle ne peut être que l'instrument.

Mais, en l'utilisant, la politique rejette toutes les conséquences qui naissent de la nature de la guerre, elle s'inquiète peu des fins éloignées auxquelles elle peut conduire et s'en tient aux éventualités prochaines. Cette manière de procéder apporte beaucoup d'incertitude dans le calcul, et la guerre devient ainsi une sorte de jeu dans lequel, d'habitude, chacun des cabinets adverses se flatte de dépasser l'autre en perspicacité et en adresse.

C'est ainsi que, dans les mains de la politique, le farouche élément de la guerre devient un instrument docile, et que le glaive pesant des batailles, qu'on ne devrait lever qu'avec effort et des deux mains pour n'en frapper qu'un coup formidable unique, se transforme en une arme d'escrime légère et maniable, aussi propre à l'attaque qu'à la riposte et à la feinte.

Telle est l'explication, si toutefois il est possible d'en donner une, des contradictions que l'homme, en raison de sa nature indécise et timide, a introduites dans l'action de la guerre.

Ainsi soumise à la politique, la guerre en prend nécessairement le caractère. Plus la première est forte et puissante et plus la seconde devient énergique. Il n'y a pas de limite à ce propos, et la guerre peut en arriver ainsi à sa forme absolue.

Dans cette façon de la concevoir, non seulement on ne doit donc plus perdre de vue la forme absolue de la guerre, mais il faut même sans cesse se tenir prêt à la voir se réaliser dans cette forme.

En procédant ainsi on rend à la guerre son unité, toutes les guerres deviennent des objets de même nature, et l'on se place au seul point de vue rationnel pour former et apprécier les grands projets.

Il va de soi que la politique n'entre pas profondément dans les détails de la guerre et qu'elle ne préside pas plus au choix de l'emplacement des petits postes qu'à la direction des patrouilles, mais elle exerce l'influence la plus décisive sur l'élaboration des plans de guerre et de campagne, et souvent même sur le dispositif des batailles. C'est là ce qui nous a permis de retarder jusqu'ici l'étude d'une question qui, indispensable maintenant que nous nous occupons du plan de guerre, n'était d'aucune utilité dans le principe et n'eût fait que détourner l'attention du lecteur des objets que nous devions lui présenter d'abord isolément.

Dans toutes les circonstances de la vie, pour ne point s'égarer et ne pas se contredire sans cesse, rien n'est en général plus nécessaire que de déterminer le point précis auquel il convient de se placer et de se maintenir pour embrasser et apprécier exactement les choses.

S'il en doit être ainsi pour l'élaboration du plan de guerre, c'est-à-dire si l'on ne doit pas s'y placer tantôt au point de vue du commandement, tantôt à celui de l'administration, tantôt à celui de la politique, etc., etc., on en arrive à se demander si c'est nécessairement à la politique qu'il faut subordonner tout le reste.

Pour étudier la question, il faut tout d'abord admettre que la politique réunit en elle et concilie tous les intérêts rationnels de l'État et des citoyens, car elle n'est, en somme, que l'administrateur de ces intérêts à l'étranger. Nous n'avons pas à considérer si, suivant une fausse direction, elle sert de préférence les ambitions, les intérêts privés et la vanité des gouvernants, car, en aucun cas, l'art militaire ne peut être appelé à lui faire la leçon et nous ne devons la regarder ici que comme le représentant des intérêts de toute la société.

Cela admis, la question se simplifie, et nous n'avons plus qu'à déterminer si, dans l'élaboration et l'exécution des plans de guerre, le point de vue politique doit primer le point de vue exclusivement militaire, ou si, devant lui céder le pas, il doit lui être subordonné ou complètement disparaître.

Pour que toute action de la politique dût absolument cesser dès le début des opérations militaires, il faudrait que les guerres fussent l'expression d'un principe d'hostilité excessif et que la lutte y devînt une question de vie ou de mort. Dans la réalité cependant, et nous l'avons déjà fait voir précédemment, les guerres ne sont que des manifestations de la politique elle-même, et, par suite, ce serait faire un contre-sens que d'y subordonner le point de vue politique au point de vue militaire. Dans le fait, la politique est l'intelligence qui engendre la guerre, et celle-ci n'est qu'un instrument dans ses mains. Il ne reste donc plus qu'à subordonner le point de vue militaire au point de vue politique.

Si l'on se rappelle que nous avons reconnu, au chapitre III de ce livre, que, pour déterminer les moyens à employer et les efforts à produire dans une guerre, il fallait avant tout se rendre compte de ce qu'en seraient vraisemblablement le caractère et les contours principaux en raison des grandeurs et des rapports politiques, si l'on réfléchit, en outre, que souvent, et même la plupart du temps de nos jours, on ne peut considérer la guerre que comme un tout organique dont les divers éléments sont inséparables et où, par suite, toutes les activités doivent être dirigées par une pensée unique et tendre vers un seul but, on en arrive nécessairement à reconnaître que, la politique imposant les lignes principales de la guerre, c'est au point de vue seul de la première qu'il faut se placer pour déterminer la direction à imprimer à la seconde.

Une fois ce point de vue accepté, on saisit les leçons de l'histoire, les projets se présentent dans leur ensemble, le jugement devient plus clair et les motifs d'action plus satisfaisants. Il ne peut plus, dès lors, y avoir de conflit entre les intérêts politiques et les intérêts militaires, ou, du moins, on ne le saurait attribuer qu'au manque d'accord entre la conception du plan et son exécution, ce qui n'est pas admissible, et, comme il ne l'est pas davantage que la politique ne connaisse pas l'instrument dont elle veut faire usage, on n'a pas non plus à redouter qu'elle demande à la guerre plus que celle-ci ne peut donner. En un mot, dès qu'elle se rend exactement compte de ce qu'elle peut exiger de l'action militaire, c'est à la politique, et à la politique seule, qu'il appartient de décider de la direction que la guerre doit suivre et du but qu'elle doit atteindre.

C'est ainsi que, considéré à son point de vue le plus élevé, l'art de la guerre se transforme en politique, mais en une politique qui, au lieu de rédiger des notes, livre des batailles.

Il est donc illogique, et même dangereux, de n'apporter que des considérations d'ordre militaire dans l'élaboration et dans l'exécution des grandes opérations de la guerre, et, par suite, c'est un contre-sens de la part des gouvernements d'appeler des militaires dans les conseils de cabinet pour leur demander exclusivement avis à ce propos. L'erreur des théoriciens est cependant plus grande encore, lorsqu'ils prétendent que le général en chef doit seul décider de l'emploi et de la direction à donner aux moyens que le gouvernement peut consacrer à la guerre. L'expérience prouve, au contraire, que, malgré la perfection et la diversité des formes de la guerre moderne, les lignes principales en sont toujours déterminées en conseil de gouvernement, c'est-à-dire par une autorité politique et non militaire.

Cela est entièrement dans l'ordre des choses, car on ne peut prendre aucune décision importante à la guerre sans tenir compte des rapports politiques, et c'est se tromper du tout au tout d'attribuer les insuccès à l'influence que la politique exerce sur la direction. Ce n'est pas cette influence qui est alors mauvaise, en effet, mais bien la politique elle-même, car tant que cette dernière reste ce qu'elle doit être, c'est-à-dire tant que ses vues sont rationnelles, elle ne peut que favorablement agir sur la manière dont la guerre est conduite.

En somme, la politique ne peut exercer d'influence nuisible que lorsqu'elle se promet, de certains moyens et de certaines dispositions militaires, des résultats qu'ils ne peuvent produire. De même qu'une personne qui ne possède pas bien une langue étrangère emploie parfois des expressions qui ne rendent pas exactement sa pensée, la politique peut aussi, dans ces conditions, ordonner des choses qui ne répondent pas à ses intentions.

C'est un cas qui s'est très fréquemment présenté et qui fait bien voir qu'*une certaine entente des choses de la guerre est indispensable à la direction politique des États*.

Qu'on ne croie pas cependant que nous nous contredisions ici, et que nous prétendions que, lorsque le souverain ne met pas lui-même en mouvement tous les rouages du gouvernement, il faille les qualités d'un ministre de la guerre assidu, d'un ingénieur militaire distingué ou d'un véritable général de campagne pour faire le meilleur ministre d'État, ou, en d'autres termes, que pour remplir ces hautes fonctions il faille avant tout être versé dans les sciences militaires. Nous sommes très éloigné de penser ainsi, et, pour nous, les qualités principales sont ici l'élévation de l'esprit, la profondeur des vues et la puissance du caractère; quant aux connaissances militaires, on y pourvoie d'une manière ou de l'autre. La France n'a jamais été plus mal conseillée militairement et politiquement que sous la direction des frères de Belle-Isle et du duc de Choiseul qui, tous trois, étaient cependant de bons soldats.

Pour que la guerre réponde entièrement aux desseins de la politique, et que, réciproquement, la politique utilise toutes les ressources que la guerre met à sa disposition, lorsque l'homme d'État et le soldat ne se trouvent pas réunis dans le même individu, le seul moyen est de faire du général en chef un membre du cabinet, de façon qu'il puisse prendre part à toutes les grandes résolutions. Pour qu'il en soit ainsi cependant, il faut que le gouvernement se tienne assez à proximité du théâtre de guerre et de l'armée pour que les décisions puissent être prises sans de trop longs retards.

Telle est la méthode que suivirent avec avantage l'empereur d'Autriche en 1809 et les Souverains alliés en 1813, 1814 et 1815.

Toute influence exercée par un autre militaire que le général en chef sur les décisions du cabinet est extrêmement dangereuse, et il est rare qu'elle ne soit pas préjudiciable à la conduite de la guerre. Il faut aussi rejeter l'exemple de la France en 1793, 1794 et 1795, quand, de Paris, Carnot dirigea la marche des armées. La terreur est un moyen que les gouvernements révolutionnaires peuvent seuls employer.

Pour en finir, passons maintenant à l'exposition de quelques considérations historiques.

Lorsque, dans les dix dernières années du xvmᵉ siècle, il se produisit une révolution si extraordinaire dans la conduite des guerres que les meilleures armées de l'Europe se virent en partie réduites à l'impuissance et que des événements se réalisèrent dont l'extrême grandeur frappa les imaginations de stupeur, c'est à l'art militaire que l'on crut devoir s'en prendre de la fausseté de tous les calculs. L'art militaire s'était en effet manifestement laissé surprendre par des éventualités qui, bien qu'elles ne se rattachassent pas au cercle d'idées étroites dans lequel la routine et les préjugés le retenaient lui-même, étaient cependant dans l'ordre naturel des choses et par conséquent de réalisation probable.

Se plaçant à un point de vue plus général, quelques observateurs attribuèrent le phénomène à la tyrannie que la politique, en détournant la guerre de ses véritables voies et en la réduisant parfois même à un simple jeu d'escrime, exerçait depuis des siècles sur l'art militaire. Le fait était exact, mais il devait fatalement se produire, et l'erreur consistait à croire qu'on eût pu l'éviter.

D'autres crurent pouvoir tout rapporter à la politique d'isolement alors suivie par l'Autriche, la Prusse, l'Angleterre et les autres puissances.

Est-il bien vrai, cependant, que la stupeur générale dont les esprits furent ainsi frappés provint directement de la manière dont la guerre fut alors conduite et non·pas des agissements mêmes de la politique? En d'autres termes, pour rester dans notre façon de parler, n'est-ce pas bien moins à l'influence de la politique sur la guerre qu'aux fautes mêmes de la politique qu'il convient d'attribuer le désastre?

Ce n'est pas dans les idées nouvelles et dans les procédés nouveaux que les Français introduisirent à cette époque dans la direction de la guerre, qu'il faut rechercher les causes des actes prodigieux qu'ils accomplirent au dehors, mais bien dans leur caractère national, dans leur nouvel état social, dans leur gouvernement et dans

leur organisation. Les cabinets étrangers, ne soupçon-
nant pas la gravité de la situation, crurent la pouvoir
dominer par les moyens en usage et n'opposèrent que
de faibles forces à des forces qui allaient être écra-
santes. Ne sont-ce pas là des fautes politiques?

En ne considérant la guerre qu'au point de vue exclu-
sif de sa conception militaire, on en fût d'ailleurs arrivé
au même résultat, car, alors même qu'il se fût ren-
contré un stratège aux vues philosophiques assez
étendues pour prévoir quelles seraient les conséquences
immédiates et les éventualités lointaines que, en raison
de leur nature, les éléments opposés allaient produire
en s'entre-choquant, on n'en eût pas moins manqué des
moyens nécessaires pour s'y opposer.

Il eût fallu qu'elle se rendît exactement compte des
forces nouvelles que la révolution avait éveillées en
France et des événements qui allaient en être la conséquence dans les rapports de cet État avec les autres
puissances de l'Europe, pour que la politique comprît
l'influence que cela seul allait exercer sur la nature
même de la guerre, et qu'elle déterminât, par suite, les
nouveaux moyens à y consacrer et la nouvelle direction
à y suivre.

On peut donc dire que c'est en grande partie à la
politique défectueuse de leurs adversaires que les
Français sont redevables des vingt années de victoire
qui ont suivi la Révolution.

Sans doute c'est aux résultats défavorables de la
guerre que l'on reconnut premièrement combien l'on
s'était trompé, — ces résultats, en effet, contredirent
absolument les attentes de la politique, — mais cela ne
provint nullement de ce que la politique eût pris des
dispositions contraires aux règles de l'art militaire.
L'art militaire, tel qu'il était alors, la politique le connaissait bien, elle s'en était toujours servi, c'était son

instrument familier, mais il était tombé dans les mêmes
erreurs qu'elle et, par suite, se trouvait hors d'état de
l'aider à en sortir. D'un autre côté, la guerre elle-même
avait subi d'importants changements et, modifiant son
essence et sa forme, s'était considérablement rapprochée de son concept absolu, non pas que le gouvernement français se fût en quelque sorte émancipé et
débarrassé des lisières de la politique, mais parce que
la Révolution avait changé les bases mêmes de la politique, aussi bien dans l'Europe entière qu'en France
même, et avait éveillé des forces et révélé des moyens
qui permettaient d'augmenter l'énergie de la guerre et
de la diriger par d'autres voies.

Ainsi les changements qui se sont introduits dans
l'art militaire sont la conséquence de ceux qui se sont
produits dans la politique et, loin de fournir un argument contre la connexion intime dans laquelle se
tiennent ces deux grands éléments de la vie des États,
ne font que l'affirmer davantage.

Nous répétons donc que la guerre est un instrument
de la politique, qu'elle en prend le caractère et les
dimensions, que dans ses lignes principales elle n'est
autre chose que la politique elle-même, et que celle-ci,
tout en changeant ainsi la plume contre l'épée, obéit
néanmoins encore et toujours à ses propres lois.

CHAPITRE VII.

BUT RESTREINT. — GUERRE OFFENSIVE.

Alors bien que l'on ne soit pas assez fort pour viser au renversement de l'adversaire, on peut encore lui faire offensivement la guerre ; mais dès lors le but positif direct ne peut plus être que la conquête d'une partie de son territoire.

En s'emparant ainsi de l'une des sources d'où l'État ennemi tire sa puissance, on fait en partie la guerre à ses frais, car on diminue ses forces et ses moyens de combat précisément de ce dont on augmente ceux dont on dispose. Enfin, lors des négociations pour la paix, le territoire conquis constitue un gage effectif que l'on peut conserver ou échanger contre des avantages équivalents.

Il serait très avantageux, et par conséquent tout naturel, de procéder ainsi à la conquête du territoire de l'ennemi, si la situation défensive qui succède à l'action de l'attaque ne venait fréquemment compliquer la question.

Dans le chapitre où nous avons traité du *point limite de la victoire* nous avons fait voir comment une offen-

sive de ce genre affaiblit les forces de l'attaque, et
montré qu'elle peut conduire à une situation de nature
à inspirer des craintes sérieuses.

C'est particulièrement de la situation géographique
de la province ainsi enlevée à l'ennemi que dépend le
degré d'affaiblissement qui en résulte pour nos forces.
Plus cette province forme un complément de notre
propre territoire, plus elle le prolonge ou s'y trouve
enclavée, plus enfin elle est dans la direction à donner
aux efforts principaux, et moins nous nous affaiblirons
en l'occupant. Pendant la guerre de Sept ans, comme
la Saxe formait le complément naturel du théâtre de
guerre des Prussiens, et, bien que plus rapprochée
de la Silésie que des Marches, couvrait néanmoins ces
dernières, l'occupation de cette contrée, loin d'affaiblir
Frédéric le Grand, ne fit qu'augmenter ses forces.

La Silésie elle-même n'affaiblit pas le Roi lorsqu'il
s'en fut enfin emparé en 1740 et 1741, car, en raison
de sa forme, de sa situation et de la configuration de
ses frontières, elle n'offrait aux Autrichiens, tant qu'ils
ne s'étaient pas rendus maîtres de la Saxe, qu'une
pointe étroite placée précisément sur la direction des
principaux efforts à produire de part et d'autre.

Mais, par contre, lorsque la portion de territoire
conquise fait saillie entre d'autres provinces de
l'ennemi, se trouve située dans une direction excen-
trique et présente une forme de terrain défavorable,
cela affaiblit si promptement les forces de l'envahisseur
que l'envahi le peut aisément vaincre dans une bataille,
et que, parfois, il n'a même pas besoin de recourir à ce
grand moyen pour le forcer à se retirer.

Toutes les fois que les Autrichiens tentèrent d'envahir la Provence par l'Italie, il leur fallut se retirer
sans avoir livré bataille. En 1744 les Français purent
s'estimer heureux d'avoir évacué la Bohême dans les

mêmes conditions. En 1758, bien qu'avec les mêmes troupes qui avaient remporté de si brillants succès l'année précédente en Silésie et en Saxe, Frédéric le Grand ne parvint pas à se maintenir en Bohême et dans les Marches. Nous ne nous étendrons pas davantage à ce propos; l'histoire est remplie d'exemples d'armées que l'affaiblissement seul de leurs forces a contraintes à évacuer un pays conquis.

Avant de procéder à l'attaque stratégique d'une partie restreinte du territoire de l'ennemi, il faut donc reconnaître au préalable si l'on pourra en rester maître, ou si les avantages à tirer de l'occupation passagère de la contrée — invasion ou diversion — compenseront le sacrifice des forces qu'on y devra employer. Il faut surtout n'avoir pas à redouter de provoquer un contre-coup dont la violence compromette tout l'équilibre de l'attaque.

Ayant déjà traité cette importante question dans le chapitre du *point limite de l'attaque*, il nous reste peu de chose à ajouter ici.

Pendant l'exécution d'une attaque stratégique de cette espèce, il peut arriver que nous perdions sur un autre point plus qu'elle ne nous peut rapporter. L'ennemi, en effet, peut agir comme nous, et, tandis que nous attaquons l'une de ses provinces, envahir l'une des nôtres, de sorte que tout dépendra dès lors de l'importance relative des deux opérations concomitantes. On voit combien il importe ici de bien peser les choses.

En supposant que les deux provinces soient de valeur égale, la perte de la nôtre nous sera néanmoins plus sensible que la conquête de celle de l'adversaire, par la raison qu'en occupant celle-ci nous paralyserons une partie de nos forces. L'effet est réciproque, dira-t-on, car l'ennemi se trouve dans le même cas, et il semble, au premier abord, que ce que nous perdons d'un côté se trouve compensé par ce que nous gagnons de l'autre ; mais il n'en est pas ainsi dans la réalité et, à valeur égale, il vaut toujours mieux conserver que conquérir, car, à la guerre, le préjudice que l'un des deux adversaires s'expose à courir ne peut être compensé, et en quelque sorte neutralisé, que par un préjudice de beaucoup supérieur à causer à l'autre.

On voit par là que plus le but d'une attaque stratégique est restreint, c'est-à-dire moins elle vise le centre de gravité de l'État ennemi, et plus il importe de conserver des forces sur les points qu'elle ne couvre pas directement, ou, en d'autres termes, moins on en peut consacrer à l'attaque elle-même et l'exécuter avec rapidité. Ce sont là deux conditions qui se contredisent l'une l'autre, car, pour procéder à l'opération avec le moins de lenteur et avec le plus grand nombre possible de forces, il faut se porter en même temps de tous les points qui s'y prêtent à l'attaque de la partie du territoire dont on veut s'emparer, ce qui diminue d'autant les éléments défensifs à laisser sur les points isolés. C'est ainsi que, lorsqu'on poursuit un but restreint, les moyens eux-mêmes se restreignent, et que, l'acte de guerre ne se pouvant plus concentrer en une grande action unique dirigée du point de vue le plus élevé, les frottements deviennent plus nombreux et le hasard plus grand.

Telle est la tendance naturelle des choses dans les attaques stratégiques de cette espèce ; elles amoindrissent et paralysent le commandement. Un général qui se sent de la valeur et dispose de moyens suffisants les doit éviter, et, quelle que soit l'augmentation des risques à courir, déterminer un point unique d'importance prépondérante pour y porter tous ses efforts.

CHAPITRE VIII.

BUT RESTREINT. — DÉFENSIVE.

Nous avons déjà reconnu que le but final d'une guerre défensive ne doit jamais être absolument négatif, et que, si faible qu'il soit, le défenseur doit toujours menacer son adversaire et chercher à le frapper au défaut de l'armure.

On pourrait objecter, il est vrai, que la défense atteint son but en se bornant à fatiguer l'attaque, par le fait même que celle-ci, visant un résultat positif, à chacune de ses opérations infructueuses fait un pas en arrière en raison des forces qu'elle dépense, tandis que la défense compense la perte des siennes en restant en possession de l'objet menacé.

Le raisonnement serait juste si, après un nombre plus ou moins grand d'essais infructueux, l'attaque devait se trouver épuisée et abandonner la partie, mais les choses sont loin de se passer ainsi, et, à pertes égales et tout bien pesé, le désavantage est du côté de la défense. L'attaque s'affaiblit sans doute, mais, tant que le revirement des forces ne se produit pas, elle n'a guère à s'en inquiéter, en ce que la défense s'affaiblit plus encore, d'abord parce qu'elle est habituellement la moins forte des deux et qu'à pertes égales elle souffre par conséquent davantage, et ensuite parce que, par le fait même de l'occupation de l'une de ses provinces par l'ennemi, elle se trouve déjà privée d'une partie de ses ressources.

On ne saurait déduire de là un motif d'abandon ou de renoncement pour l'attaque, de sorte que, si celle-ci renouvelle ses tentatives, en se contentant de les repousser la défense s'expose sans compensation possible au danger d'en voir tôt ou tard réussir une.

Si donc l'épuisement, ou, plus encore, la fatigue de l'attaque amène fréquemment la paix, cela tient à la forme bâtarde que la guerre revêt le plus souvent, et l'on ne peut logiquement l'attribuer qu'au caractère expectant, et non à la passivité même de l'action de la défense. Nous savons, en effet, que l'attente est généralement le trait caractéristique de la résistance. Or l'idée de l'attente implique celle d'une amélioration dans les conditions, amélioration que les rapports politiques peuvent seuls amener quand elle ne provient pas de la résistance elle-même, soit que de nouveaux alliés se déclarent pour le défenseur, soit qu'une partie de ceux de l'attaquant abandonnent la cause de celui-ci.

Tel est le résultat que le défenseur doit chercher à atteindre, tel est le but qu'il doit poursuivre lorsque sa faiblesse ne lui permet pas de songer à une réaction puissante. Mais il n'en est pas toujours réduit là, et, d'après la notion que nous en avons donnée, la défensive étant intrinsèquement la plus forte des deux formes de l'action à la guerre, on y peut recourir en raison même de cette supériorité, avec l'intention de faire suivre la parade d'une riposte dont l'énergie peut atteindre tous les degrés de puissance.

Il faut distinguer les deux cas, car ils exercent chacun une influence différente sur la défensive.

Dans le premier, le défenseur cherche à se maintenir le plus longtemps possible sur son territoire et à le conserver intact, parce que c'est ainsi qu'il parvient à gagner le plus de temps, et que gagner du temps est le seul moyen dont il dispose pour arriver à ses fins. Le résultat qu'il atteint le plus souvent en procédant ainsi, l'objet qui le doit mettre en situation d'obtenir la paix qu'il désire, son but positif en un mot, il ne saurait encore le faire entrer dans son plan. Pendant cette suspension de toute action stratégique de sa part, il est partout menacé, mais, grâce aux lignes intérieures qu'il occupe sur tous les points que son adversaire attaque, il peut se montrer en nombre supérieur et parer les coups qui lui sont portés.

Tels sont les faibles résultats dont le défenseur doit alors se contenter, et, s'il arrive que l'attaque ne lui en fournisse même pas l'occasion, il ne lui reste plus, pour tout gain, que le repos momentané où son adversaire le laisse.

Dans ce système cependant, et sans en changer ni le but ni l'essence, quand le défenseur n'est pas trop faible, il peut recourir à de petites actions offensives, invasions, diversions, entreprises contre des forteresses isolées et autres opérations par lesquelles il se propose bien moins une conquête définitive qu'un avantage provisoire à faire entrer en compensation des pertes qu'il se trouvera avoir subies lorsque les négociations de paix ouvriront.

Dans le second cas, le passage à l'offensive présidant dès le principe au calcul, l'action défensive revêt elle-même un caractère plus positif, et cela précisément dans la mesure du degré d'intensité que les circonstances permettent de donner au retour offensif. En d'autres termes, moins la forme défensive s'impose impérieusement, c'est-à-dire plus le défenseur n'y

recourt qu'en raison seulement de la plus grande force
de résistance qu'elle permet d'opposer au premier choc,
et plus les pièges dans lesquels il cherche à entraîner
son adversaire peuvent être hardis. Le plus hardi de
tous, le plus éloigné de la défense passive et le plus
avantageux de ces pièges quand il réussit, c'est la retraite profonde dans le cœur du pays.

Nous allons exposer ici, comme exemples à ce double
propos, la situation de Frédéric le Grand pendant la
guerre de Sept-Ans et celle des Russes pendant la
campagne de 1812.

Au début de la guerre de Sept ans, la préparation
parfaite de ses troupes donnait à Frédéric une sorte de
supériorité sur ses adversaires. Il en profita pour se
jeter sur la Saxe qui formait un complément si naturel
de son théâtre de guerre, que, loin de diminuer ses
forces, l'occupation de cette province ne fit que les
augmenter.

A l'ouverture de la campagne de 1757, les Russes et
les Français n'ayant pas encore atteint la Silésie, les
Marches et la Saxe, le Roi tenta de persévérer dans
l'offensive, mais il n'y réussit pas. Contraint dès lors
d'évacuer de nouveau la Bohême et réduit à la défensive jusqu'à la fin de la campagne, il sut tirer parti de
cette forme de l'action pour délivrer son propre théâtre
de guerre en se jetant d'abord avec toute son armée
sur les Autrichiens.

En 1758, voyant ses forces diminuer et se sentant de
plus en plus à l'étroit dans le cercle que ses ennemis
formaient autour de lui, il voulut encore tenter une
petite offensive en Moravie et chercha à s'emparer
d'Olmütz. Ce n'est pas qu'en agisssant ainsi le Roi
songeât à rester en possession de cette ville et à l'utiliser comme point d'appui pour persévérer dans l'offensive, mais il pensait surprendre les Autrichiens par

la rapidité de l'opération et, une fois maître de la place, s'en servir contre eux comme d'un ouvrage avancé, une sorte de *contre-approche* à la reprise de laquelle ils eussent dû consacrer le reste de la campagne et peut-être même la campagne suivante. Il n'y put réussir cependant, et, renonçant dès lors à toute offensive effective, il se résolut à prendre une position concentrée au milieu de ses États, en Saxe et en Silésie, à utiliser les lignes intérieures pour se jeter avec la totalité de ses forces sur les points menacés, à éviter autant que possible toute grande bataille et, bornant ses entreprises aux petites invasions que les occasions pourraient favoriser, à voir tranquillement venir les événements et à réserver ses forces pour des circonstances meilleures. Son action devint ainsi de plus en plus passive, il ne chercha plus qu'à gagner du temps, à conserver ce dont il était encore en possession, et, poussant l'économie de ses forces aux plus extrêmes limites, il ne craignit même pas de recourir au système défensif du cordon. C'est bien là le nom, en effet, que l'on doit donner aux positions que prirent alors le prince Henri, en Saxe, et le Roi lui-même dans les montagnes de Silésie. Dans ses lettres au marquis d'Argens, on voit avec quels regrets Frédéric II dut renoncer à ses quartiers d'hiver, et la joie qu'il éprouva quand il les put enfin prendre sans avoir éprouvé de pertes trop sérieuses.

Si cependant on ne voulait voir en cela que du manque de caractère et d'énergie de la part du Roi, on se tromperait fort et l'on porterait le jugement le plus inconsidéré. Il est certain que le camp retranché de Bunzelwitz et les positions prises par le prince Henri, en Saxe, et par le Roi, dans les montagnes de Silésie, ne constitueraient pas de nos jours des dispositions suffisantes pour la sûreté d'une armée, et qu'un Bonaparte, par exemple, n'en tiendrait aucun compte; mais il faut considérer que, depuis lors, la guerre a subi bien des changements, qu'elle est animée d'une toute autre énergie et que des positions qui pouvaient être efficaces à cette époque ne le seraient plus aujourd'hui. Il faut enfin songer au caractère des adversaires, et reconnaître que ces dispositions eussent pu être imprudentes contre Frédéric, mais que, prises par lui et contre l'armée de l'Empire, contre Daun et contre Butterlin, elles pouvaient être le comble de la sagesse.

Le succès, d'ailleurs, a justifié cette manière de voir, et le Roi a ainsi tranquillement atteint son but et tourné des difficultés contre lesquelles ses forces se seraient brisées.

Au début de la campagne de 1812, le rapport des forces entre les armées opposées était encore plus défavorable pour les Russes qu'il ne l'avait été pour Frédéric le Grand pendant la guerre de Sept ans. Les Russes, cependant, avaient en perspective de recevoir des renforts considérables au courant de la campagne. De son côté, Bonaparte avait à faire face à une guerre très coûteuse en Espagne; sa puissance, bien qu'arrivée à son apogée, était déjà très ébranlée; l'Europe entière était secrètement contre lui, et, par une retraite de 740 kilomètres de longueur, les vastes dimensions de la Russie allaient permettre de porter l'épuisement de ses forces à ses plus extrêmes limites. Dans ces conditions, à moins que l'empereur Alexandre ne fît la paix ou que ses sujets ne se révoltassent, on n'avait pas seulement à compter sur une très forte réaction, mais cette réaction pouvait même conduire l'envahisseur à sa perte. La plus haute sagesse n'eût donc pu indiquer un meilleur plan que celui que les Russes adoptèrent sans soupçonner les effets qu'il allait produire.

Qu'on ne pensât pas alors ainsi, et qu'on eût même tenu ce plan pour extravagant si quelqu'un eût proposé d'y recourir, cela ne fait pas l'ombre d'un doute, mais cela n'autorise nullement à en contester aujourd'hui la justesse. S'il faut tenir compte des leçons de l'histoire, on doit penser que, lorsque les mêmes conditions se représenteront à l'avenir, on agira comme on le fit alors avec tant de profit, et quiconque est en état de juger sainement les choses reconnaîtra qu'il est impossible de considérer comme un enchaînement d'accidents dus au hasard la série des grands événements qui ont suivi la marche des Français sur Moscou. Si les Russes s'étaient trouvés en situation de défendre directement leurs frontières, il est vraisemblable qu'un revirement se serait également produit dans la puissance ainsi que dans la fortune des Français, mais ce revirement n'eût certainement jamais été ni si violent ni si absolu. La Russie a atteint ce prodigieux résultat en s'imposant des sacrifices et en s'exposant à des dangers qui eussent été bien plus grands pour les autres puissances de l'Europe, et que la plupart d'entre elles n'eussent même pas pu supporter.

On voit qu'il faut ici beaucoup mettre au jeu pour beaucoup gagner, et que ce n'est pas en restant indéfiniment expectante, mais bien en se transformant au moment opportun en vigoureuse offensive, que l'action de la défense peut conduire aux résultats positifs les plus grandioses.

CHAPITRE IX.

PLAN DE GUERRE QUAND LE BUT EST DE RENVERSER L'ENNEMI.

Après avoir exposé en détail le caractère de chacun des trois objectifs que la guerre peut avoir, nous allons examiner l'influence particulière que chacun d'eux exerce sur les dispositions à prendre et sur la direction à suivre.

D'après ce que nous avons dit jusqu'ici, deux principes fondamentaux embrassent le plan de guerre dans son entier et dominent tout le reste.

Il faut réduire à un seul, ou du moins au plus petit nombre possible, les centres de gravité de la puissance de l'ennemi ainsi que le nombre des opérations décisives à exécuter contre ces centres. Il faut, en outre, ne donner aux opérations secondaires que strictement l'importance qu'elles comportent.

Le premier principe est donc de maintenir les forces dans le plus grand état de concentration, et le second, d'agir avec la plus grande promptitude et, par conséquent, d'éviter tout temps d'arrêt et tout détour non justifié.

La réduction de la puissance de l'adversaire en un

seul centre dépend de son unité politique et de la situation du théâtre de guerre sur lequel ses armées apparaissent.

Facile quand il s'agit des forces d'un seul et même souverain, la chose ne l'est guère moins quand, de deux armées de nations différentes, l'une ne prend part à la guerre que comme alliée, c'est-à-dire sans intérêt particulier. Dans le cas, au contraire, où deux nations coalisées concourent au même but, il faut encore tenir compte du degré de l'union qui existe entre elles.

Quand les forces de l'adversaire sont concentrées sur un seul et même théâtre de guerre et en une seule armée, nous n'avons pas à nous occuper d'autre chose. Lorsque, réparties sur le même théâtre de guerre mais appartenant à des nationalités différentes, elles forment des armées séparées, l'unité cesse d'être absolue quoique la connexion soit encore assez grande entre elles pour que l'action décisive de l'une puisse entraîner toutes les autres. Les armées se trouvent-elles sur des théâtres de guerre voisins qu'aucune grande barrière n'isole l'un de l'autre, chacune d'elles exerce encore une influence décisive sur l'autre. Mais, dès que les théâtres de guerre sont très éloignés et que des espaces neutres les séparent, l'influence devient on ne peut plus douteuse, et par conséquent invraisemblable. Enfin, lorsque les armées de l'adversaire se trouvent formées sur des points si différents de l'État attaqué qu'on ne peut agir contre elles qu'en suivant des lignes excentriques, il faut désormais renoncer à rester concentré.

Si la Russie et la France déclaraient ensemble la guerre à la Prusse, ce serait absolument, pour cette dernière puissance en raison des directions différentes qu'elle devrait donner à ses forces, comme si elle avait deux guerres distinctes à soutenir. L'unité entre les deux alliés ne se manifesterait, en tout cas, que pendant les négociations.

Dans la guerre de Sept ans, au contraire, on ne pouvait considérer les forces autrichiennes et saxonnes que comme formant une seule et même armée, car, ce que les unes éprouvaient, les autres le devaient forcément ressentir ; d'abord parce que les deux théâtres de guerre se trouvaient sur la même direction par rapport à Frédéric le Grand, puis, parce qu'à cette époque la Saxe n'avait encore aucune indépendance politique.

Si nombreux que fussent les adversaires contre lesquels Bonaparte eût à lutter en 1813, ils se trouvaient du moins à peu près tous sur la même direction par rapport à lui, et les théâtres de guerre de leurs armées se tenaient en rapports et en corrélation si intimes que, s'il fût parvenu à se concentrer fortement sur un point quelconque et à battre le gros de leurs forces, il eut, par cela seul, décidé du sort de tous. Si les Français, par exemple, avaient écrasé l'armée principale de Bohême et s'étaient portés sur Vienne par Prague, Blücher aurait forcément dû abandonner la Saxe parce qu'on l'aurait aussitôt rappelé en Bohême, et l'on peut être certain que, de son côté, le prince royal de Suède se serait empressé d'évacuer les Marches.

Pour l'Autriche, au contraire, lorsqu'elle aura à faire face à la France à la fois sur le Rhin et en Italie, il lui sera toujours difficile de décider du sort des deux théâtres de guerre par une grande victoire remportée sur l'un des deux, par la raison que les montagnes de la Suisse les séparent et les rendent indépendants, et que les routes qui y conduisent suivent des directions divergentes. Dès le principe, d'ailleurs, la France a la supériorité à ce propos, car, de l'un comme de l'autre des deux théâtres de guerre, elle peut à la fois diriger concentriquement ses forces sur Vienne, capitale et

centre de la puissance de l'Autriche. Il faut reconnaître, en outre, qu'un coup frappé en Italie exercera
plus d'influence sur le théâtre de guerre du Rhin qu'un
coup frappé sur le Rhin n'en exercera sur le théâtre de
guerre d'Italie, par la raison que, partant d'Italie, l'attaque porte plus directement sur le centre, et que, ve-
nant du Rhin, elle se dirige plus sur l'aile de la monarchie autrichienne.

De tout cela résulte que la concentration et la disse-
mination des forces de l'adversaire passent, l'une et
l'autre, par une quantité de degrés, et que, dans chaque
cas particulier, il convient par conséquent de se rendre
compte de l'influence que les événements de l'un des
théâtres de guerre exerceront sur l'autre, influence qui
peut seule permettre de juger dans quelle mesure il
sera possible de réduire en un seul les divers centres
de puissance de l'ennemi.

On ne doit déroger au principe de diriger la totalité
des forces contre le centre de puissance de l'adversaire
que pour en consacrer une partie à l'exécution d'entreprises secondaires promettant des résultats extraordinaires; encore faut-il, en pareil cas, disposer d'une supériorité numérique assez considérable pour n'avoir pas
à craindre de compromettre ainsi l'action dirigée contre
le point décisif.

En 1814, lorsqu'on porta les 30,000 hommes du
corps du général Bülow sur la Hollande, on pouvait
non seulement prévoir qu'on neutraliserait par là un
nombre égal de troupes françaises, mais encore que
l'on permettrait aux Hollandais et aux Anglais de
prendre part à la lutte avec des forces qui sans cela
seraient restées inactives.

Dans l'élaboration du plan de guerre, il faut donc
tout d'abord chercher à reconnaître quels sont les centres
de gravité de la puissance de l'ennemi et les réduire

autant que possible à un seul. Il faut ensuite s'efforcer de réunir, en vue d'une action décisive contre ce centre de gravité unique, toutes les forces qui y peuvent être employées.

Les motifs suivants peuvent seuls justifier ici le partage des forces et leur action séparée :

1° *L'éloignement des points de première formation des forces des divers États coalisés pour l'attaque, et, par conséquent, la situation géographique de ces États.*

Lorsque la concentration entraînerait des temps d'arrêt pour les uns, des détours pour les autres et de la perte de temps pour tous, si l'on n'a pas à craindre de s'exposer à de trop grands dangers en portant en avant les forces suivant des directions séparées, il le faut faire, car en agissant autrement on contreviendrait au second des deux principes fondamentaux que nous avons posés au début. Dès que l'on peut espérer surprendre l'ennemi par l'inattendu ou par la rapidité de l'offensive, il faut tout particulièrement tenir compte de cette manière de procéder à la première attaque.

La chose devient plus importante encore quand, au lieu d'être placés les uns derrière les autres sur la direction de l'État à attaquer, les États coalisés se trouvent les uns à côté des autres et lui font face. Si la Prusse et l'Autriche, par exemple, se coalisaient contre la France, réunir leurs armées avant de se porter à l'attaque serait perdre du temps et des forces et prendre les dispositions les plus fausses. La direction naturelle de ces deux puissances vers le cœur de la France part, en effet, du Rhin inférieur pour la Prusse, et du Rhin supérieur pour l'Autriche. La concentration des forces exigerait donc ici des sacrifices dont on chercherait vainement à s'expliquer la nécessité.

2° *Une invasion effectuée par plusieurs points à la fois peut produire des résultats plus considérables.*

Il va de soi que nous n'entendons parler ici que de marches isolément exécutées contre un seul et même centre de gravité de la puissance de l'ennemi et, par conséquent, de marches convergentes. Les marches suivant des lignes parallèles ou divergentes rentrent dans la catégorie des opérations secondaires dont nous avons déjà parlé. Or, dans la stratégie comme dans la tactique, les attaques convergentes sont celles qui conduisent aux résultats les plus considérables, en ce que, lorsqu'elles réussissent, l'adversaire n'est pas seulement battu mais toujours plus ou moins coupé et dispersé; mais, par contre, elles sont aussi les plus risquées, en raison du morcellement des forces et des grands espaces qui les séparent. Il en est ici comme dans l'attaque et la défense, la forme la plus faible a pour elle les plus grands résultats.

Il faut donc que l'attaquant se sente assez fort pour oser aspirer à un résultat aussi considérable.

C'est de Saxe et de Silésie, et par conséquent avec des forces divisées, que Frédéric le Grand envahit la Bohême en 1757. Il obéissait à deux raisons supérieures en procédant ainsi. D'abord ses troupes avaient été réparties dans cet ordre pendant l'hiver, de sorte qu'en les concentrant sur un point il eût enlevé tout caractère de surprise à l'opération, puis, par cette marche convergente, il menaçait à la fois les côtés et les derrières de chacun des deux théâtres de guerre des Autrichiens. Il s'exposait, par contre, au danger de voir écraser l'une de ses armées par des forces supérieures. Si les Autrichiens, cependant, ne se rendant pas compte de la situation, négligeaient de recourir à ce moyen, il ne leur restait plus qu'à accepter la bataille sur le centre, afin d'éviter, sinon une catastrophe, du moins de se trouver d'un côté ou de l'autre entièrement coupés de leur ligne de retraite. Telle était l'augmentation de résultat que le Roi pensait tirer de cette marche en avant. Les Autrichiens préférèrent la bataille au centre, mais Prague où ils prirent position se trouvait encore trop dans le rayon d'action de l'attaque convergente et, comme ils se bornèrent à une défensive absolument passive, cette action eut le temps de produire entièrement ses effets. Il s'ensuivit une véritable catastrophe, car, après avoir perdu la bataille, le général autrichien dut se retirer dans Prague et s'y laisser investir avec les deux tiers de son armée.

C'est à l'audace même de son action convergente que le grand Frédéric dut ce brillant résultat obtenu dès l'ouverture de la campagne. Pour mener à bonne fin cette entreprise hardie, qui donc le pourrait blâmer d'avoir à la fois compté sur la lourdeur de ses adversaires, sur la précision de ses mouvements, sur l'énergie de ses généraux et sur la valeur de ses troupes? C'est à ces grandeurs morales bien plus qu'à la forme géométrique même de l'attaque, qu'il convient, en effet, d'attribuer ici le succès. Qu'on se rappelle à ce propos le résultat, non moins brillant quoique de sens inverse, que Bonaparte obtint sur les Autrichiens en 1796, quand il les punit si sévèrement de la convergence de leur marche en Italie. Or, à l'exception de la supériorité morale mais avec la supériorité numérique en plus, tous les moyens dont le général français disposa dans cette campagne, le général autrichien les avait également à sa disposition en 1757. On voit donc que lorsque l'on a à redouter, par une marche séparée suivant des lignes convergentes, de fournir à l'ennemi l'occasion de profiter des lignes intérieures pour compenser l'inégalité de ses forces, il ne faut pas recourir à ce moyen, et que, lorsque l'on s'y trouve de toute nécessité contraint par la formation antérieure des troupes, on ne le peut considérer que comme un mal inévitable.

Si nous nous plaçons à ce point de vue pour examiner le plan suivant lequel on envahit la France en 1814, il nous est impossible de ne pas le critiquer. Les armées russe, autrichienne et prussienne étaient réunies à Francfort-sur-le-Mein, et par conséquent sur la ligne d'invasion la plus naturelle et la plus directe contre le centre de puissance de la monarchie ennemie. On résolut d'en former deux armées, et l'on se sépara pour pénétrer en France, avec la première par Mayence et avec la seconde par la Suisse. L'adversaire ne disposant pas de forces assez nombreuses pour pouvoir défendre ses frontières, en cas de succès l'unique avantage à tirer de cette invasion suivant des lignes convergentes était de s'emparer, d'un côté, de l'Alsace et de la Lorraine et, de l'autre, de la Franche-Comté. Or, passer par la Suisse pour n'en tirer qu'un si faible profit, c'était perdre un temps précieux sans compensation suffisante. Nous savons il est vrai que, sans plus de valeur d'ailleurs, d'autres motifs ont contribué à faire adopter cette marche, mais ces motifs sont étrangers au sujet que nous traitons ici et nous n'avons par conséquent pas à nous en occuper.

D'un autre côté, et la mémorable campagne de 1706 l'eut dû faire comprendre, Bonaparte était maître dans l'art de combattre une attaque convergente et, quelque supériorité numérique que l'on possédât sur lui, il fallait toujours lui reconnaître une extrême prépondérance morale. Il rejoignit trop tard son armée près de Châlons et ne fit généralement pas assez de cas de ses adversaires, mais peu s'en fallut cependant qu'il ne les atteignît avant qu'ils ne fussent réunis, et ils étaient bien faibles encore quand les attaqua à Brienne. De ses 65,000 hommes, en effet, Blücher n'en avait encore que 27,000 sous la main, et, des 200,000 hommes de l'armée principale, 100,000 à peine purent prendre part à la bataille. On ne pouvait offrir plus beau jeu à l'adversaire, et l'on dut enfin reconnaître l'impérieuse nécessité d'une forte concentration.

De toutes ces considérations il résulte que, bien que l'attaque convergente comporte en soi des résultats supérieurs, c'est la répartition préexistante des forces qui doit surtout décider de son emploi, et que l'on trouvera rarement l'occasion rationnelle de la préférer à l'attaque simple et directe sur le centre de puissance de l'ennemi.

3° *L'étendue du théâtre de guerre peut aussi motiver le fractionnement des forces.*

Quand, partie d'un point unique, une armée envahissante avance avec succès sur le territoire de l'ennemi, elle commande toujours sur ses derrières, indépendamment des routes qu'elle suit, une certaine étendue de terrain dont les dimensions dépendent, si nous pouvons nous servir de cette expression, du plus ou moins de densité de l'État envahi. S'il s'agit d'un État sans cohésion, d'une nation efféminée et peu guerrière, par le fait même de sa marche en avant, l'armée envahissante couvrira de larges espaces, mais, par contre, si le peuple est brave et fidèle, elle ne conservera derrière elle qu'un triangle plus ou moins étroit.

Pour obvier à cet inconvénient, l'envahisseur éprouve le besoin de donner une certaine étendue à son front de marche, disposition dans laquelle il ne peut persister, dès que l'ennemi a concentré ses forces sur un point, qu'aussi longtemps qu'il n'est pas entré en contact avec lui. Lorsque l'attaque recourt à ce moyen, elle doit donc réduire sans cesse la largeur de son front, au fur et à mesure qu'elle approche davantage de la position occupée par la défense.

Par contre, lorsque le défenseur fractionne lui-même ses forces, rien n'est plus logique, de la part de l'attaquant, que de donner un fractionnement analogue aux siennes. Il va de soi que nous ne parlons ici que d'un seul théâtre de guerre ou de plusieurs théâtres de guerre voisins, c'est-à-dire du cas où, d'après notre idée, l'entreprise principale doit décider du sort des points secondaires.

Mais l'influence du point principal sera-t-elle toujours assez grande pour entraîner ainsi les points secondaires, et, par suite, ne peut-il pas être dangereux de concentrer tous les efforts de l'attaque sur un seul et même point? N'y a-t-il pas lieu de faire entrer en ligne de compte l'étendue qu'on est forcément conduit à donner au théâtre de guerre?

Ici, comme partout, on ne saurait épuiser le nombre des combinaisons qui peuvent se présenter, mais nous affirmons qu'à peu d'exceptions près la solution obtenue sur le point principal décidera du sort des points secondaires, et que c'est d'après ce principe qu'il faut diriger les opérations dans tous les cas où le contraire ne s'impose pas manifestement.

Lorsque Bonaparte pénétra en Russie, il était en droit d'espérer qu'en battant la principale armée russe il entraînerait dans la catastrophe les troupes que la défense avait laissées sur la Dvina supérieure. C'est ce qui fit qu'il se borna, dans le principe, à n'opposer à ces forces que le corps seul d'Oudinot auquel, dès que Wittgenstein prit l'offensive, il dut adjoindre le 6e corps.

Par contre, lorsque Bagration se vit entraîné par la marche du centre, Bonaparte put rappeler à lui les troupes qu'il avait tout d'abord envoyées contre ce général. Quant à Wittgenstein, il eût également dû se conformer au mouvement de Barclay, s'il n'eût eu pour mission spéciale de couvrir la seconde capitale de l'empire.

A Ulm, en 1805, Bonaparte décida du sort de l'Italie, bien que cette contrée constituât alors un théâtre de guerre éloigné et à peu près indépendant. Il agit de même pour le Tyrol, en 1809, à Ratisbonne. En 1806, par les batailles d'Iéna et d'Auerstædt, il décida également de tout ce qui pouvait être entrepris contre lui en Westphalie, dans la Hesse et sur la route de Francfort.

Parmi les nombreuses circonstances qui exercent de l'influence sur la résistance des parties excentriques d'un théâtre de guerre, il en est deux qui sont particulièrement favorables à la défense.

La première consiste en ce que, comme dans la campagne de Russie en 1812, les dimensions du territoire envahi soient assez grandes et les forces chargées de le défendre proportionnellement assez fortes, pour que le défenseur ne soit pas contraint de concentrer celles-ci en toute hâte, et, puisse ainsi retarder longtemps le moment où le choc décisif aura lieu sur le point principal.

La seconde circonstance se présente lorsque le concours d'un certain nombre de places fortes donne à un point isolé une indépendance propre extraordinaire. C'est un cas qui se produisit en 1806 en Silésie, mais dont il faut reconnaître que Bonaparte ne tint aucun compte quand, dans sa marche sur Varsovie, il laissa un pareil point sur ses derrières en se contentant de le faire observer par un corps de 20,000 hommes sous les ordres de son frère Jérôme.

On voit par là que, si, bien que dirigé sur le point principal, le choc ne paraît pas devoir ébranler ou n'ébranle réellement pas les points excentriques, on ne le saurait attribuer qu'à ce que le défenseur y a réellement placé des forces, et dès lors, comme agir autrement serait exposer les lignes de communications de l'attaque, il faut forcément déroger ici au principe et se hâter d'opposer à ces forces des forces suffisantes pour les maintenir.

En pareille occurrence, on pourrait être porté à croire qu'il serait encore plus prudent de faire marcher à la fois les opérations et contre le point principal et contre les points secondaires, ou, en d'autres termes, de suspendre l'action décisive chaque fois que l'on rencontre de la résistance sur les points secondaires.

Bien que cette idée n'aille pas directement à l'encontre du principe d'après lequel tous les efforts doivent autant que possible concourir à l'action principale, elle procède de considérations d'un ordre absolument contraire, et, dans l'application, elle causerait une si grande perte de temps, elle apporterait tant de lenteur dans les mouvements, elle paralyserait si fort la puissance du choc et donnerait tant de prise au hasard, qu'elle ne saurait se concilier avec une offensive qui vise au renversement de l'adversaire.

La difficulté grandit encore lorsque les forces chargées de la résistance sur les points secondaires peuvent se retirer en suivant des directions divergentes. Comment, en effet, l'attaque pourrait-elle alors exécuter un choc unique ?

Par toutes ces raisons, nous déclarons donc formellement que les points secondaires ne doivent exercer aucune influence sur l'attaque principale, et que, si cette attaque vise au renversement de l'adversaire, elle ne peut atteindre son but que lorsque, lancée comme une flèche acérée, elle atteint le cœur même de l'État ennemi.

4° Enfin, en fractionnant l'armée dans les marches, on pourvoit plus facilement à ses subsistances.

Il est certain qu'il est beaucoup moins commode de diriger une armée nombreuse à travers une province pauvre que des corps d'effectif moins considérable à travers une province riche, mais, en prenant de bonnes dispositions et avec des troupes habituées aux privations, on en vient cependant toujours à bout. La question des subsistances ne devrait donc jamais exercer assez d'influence sur les décisions pour faire fractionner les forces lorsque cela peut les exposer à un véritable danger.

Ayant ainsi reconnu les motifs qui justifient la séparation des forces et, par conséquent, le fractionnement de l'action principale elle-même, nous ne blâmerons jamais quiconque y aura recours en raison de l'un de ces motifs, après en avoir mûrement pesé le pour et le contre et sans perdre de vue le but à atteindre. Mais quand, obéissant aux lois de la routine ainsi qu'il arrive si fréquemment, c'est un docte état-major qui dresse le plan, lorsque, considérés comme les cases d'un échiquier, les différents théâtres de guerre doivent, avant toute opération, recevoir chacun un nombre déterminé de défenseurs, lorsque, combinées avec une sagesse imaginaire et basées sur les rapports les plus compliqués, les opérations elles-mêmes doivent être conduites par les voies les plus embrouillées, lorsqu'enfin tout l'art militaire consiste à séparer aujourd'hui les forces pour les réunir de nouveau, coûte que coûte et quel qu'en soit le danger, dans quinze jours, nous trouvons qu'il est abominable d'abandonner ainsi la voie simple, droite et logique, pour se jeter volontairement dans des embarras sans nombre. Or cette folie se manifeste d'autant plus facilement que le plan de

guerre, sortant de l'officine d'un état-major sans expérience pratique, émane du cerveau d'une douzaine de
demi-savants et que, par suite et contrairement aux
principes que nous avons exposés au chapitre Ier de ce
livre, le général en chef, se désintéressant davantage
de la direction de la guerre, la considère moins comme
une fonction spéciale lui incombant en propre et à
laquelle il doit consacrer les plus énormes efforts.

Voyons maintenant comment il faut s'y prendre pour
satisfaire à la dernière des conditions sur lesquelles le
premier principe repose, c'est-à-dire pour ne donner
que le moins d'importance possible aux opérations
secondaires.

En cherchant à donner un but unique à l'acte entier
de la guerre et en s'efforçant d'atteindre ce but par une
seule grande opération, on enlève une partie de leur
importance aux autres points de contact qui se produisent entre les adversaires, et on en fait des actions
secondaires. Si, d'une façon absolue, il était possible
d'obtenir tous les résultats dans une seule grande bataille, il est certain que toutes les opérations secondaires
se trouveraient neutralisées. Le fait ne saurait être que
rare cependant, et, par suite, il importe de maintenir les
opérations secondaires dans des limites telles que l'on
dispose toujours de forces suffisantes pour l'opération
principale.

Nous concluons tout d'abord de ces considérations
que le plan de guerre doit avoir cette tendance lors
même qu'il n'est pas possible de ramener toute la résistance de l'ennemi à un seul centre de puissance,
c'est-à-dire dans le cas, dont nous avons précédemment
parlé, où l'on a à soutenir à la fois deux guerres
presque absolument différentes. Il faut dès lors consacrer la majorité des forces à celle des deux guerres que
l'on regarde comme la plus importante, et, à moins de

circonstances exceptionnellement favorables, garder la défensive sur tous les autres points, pour n'agir offensivement que dans la direction de l'effort principal à produire. On ne laisse donc que le moins de forces possible sur les points secondaires où l'on se borne à ne rechercher que les avantages que comporte la forme défensive.

Cette manière de procéder produira ses plus grands effets sur tous les théâtres de guerre où il sera possible de ramener à un seul centre de gravité la puissance des diverses armées coalisées qui l'occuperont.

Mais là où se trouve celui des adversaires contre lequel on veut porter le choc principal, il ne saurait pas plus être question de théâtre de guerre secondaire que de défensive. Comme c'est l'attaque principale et les attaques secondaires entreprises par d'autres motifs dont l'ensemble constitue ce choc, il serait superflu de défendre les points que ces attaques ne couvrent pas directement elles-mêmes. Il s'agit de frapper un coup décisif; s'il réussit, il compensera toutes les pertes. Si les forces dont on dispose sont assez grandes pour justifier la recherche d'une pareille solution, il y aurait contradiction à en détourner une partie pour s'assurer une ressource en cas d'insuccès, car en agissant ainsi on ne ferait que rendre la réussite moins certaine.

Cette prépondérance de l'action principale sur les actions secondaires doit se retrouver jusque dans les actions isolées de l'attaque. Néanmoins, comme c'est presque toujours en raison de considérations étrangères que l'on détermine les forces qui doivent être dirigées de chacun des théâtres de guerre sur le même centre de gravité de la puissance de l'ennemi, on ne peut voir ici qu'une tendance à laisser prévaloir l'action principale. Or, plus cette tendance s'accuse et plus elle simplifie les opérations et les soustrait à l'influence du hasard.

D'après le second principe, il faut apporter la plus grande promptitude dans les opérations.

Toute perte de temps, tout détour inutile entraîne une déperdition de forces et constitue par conséquent une faute stratégique.

Il importe cependant avant tout de ne pas oublier que la surprise fait la force de l'offensive, que l'inattendu et la continuité de son action sont ses véritables armes, et qu'en négligeant d'y recourir elle ne peut que difficilement renverser son adversaire.

La théorie rejette donc comme inutile toute discussion sur l'opportunité de telle ou telle direction, et se borne à prescrire de marcher droit au but.

Si le lecteur se rappelle ce que nous avons dit de l'objet de l'attaque stratégique au chapitre III de l'*offensive* et de l'influence du temps au chapitre IV du présent livre, nous avons tout lieu de croire qu'il accorde déjà la même importance que nous à ce grand principe.

Bonaparte n'en a jamais suivi d'autre. Il a toujours choisi de préférence les grandes routes d'armée à armée et de capitale à capitale.

Déterminons maintenant en quoi doit consister l'action principale, à laquelle nous avons dit qu'il convenait de tout ramener et dont l'exécution doit être aussi rapide que directe.

Au chapitre IV de ce livre, nous avons fait l'exposition générale des procédés auxquels on peut recourir pour *renverser* l'adversaire. Si nombreux que soient ces procédés, ils débutent du moins tous de la même manière. Dans chacun d'eux, en effet, on cherche à vaincre l'ennemi dans une grande bataille afin de détruire ou de disperser ses forces armées. Pour l'attaquant, la victoire est d'autant plus facile qu'il la recherche plus près de la frontière, mais, par contre, elle est d'autant plus décisive qu'il l'obtient plus profondément au cœur du pays envahi. Ici, comme partout, la facilité du résultat est donc en raison inverse de son importance.

Il ressort de ces considérations que nous devons d'autant plus promptement chercher à joindre le gros des forces de l'ennemi que notre supériorité sur lui est moins grande et que, par suite, nous avons moins de certitude de le vaincre. Cependant, il y aurait faute de notre part à agir ainsi si cela devait nous faire perdre du temps ou nous entraîner dans de fausses directions. Mais, dans cette hypothèse, c'est-à-dire si le gros de l'ennemi ne se trouve pas sur notre chemin et que notre intérêt ne nous permette pas de marcher sur lui, nous pouvons être certains de le trouver plus tard, car il ne manquera pas de se porter à notre rencontre. Nous combattrons dès lors, il est vrai, dans des conditions moins favorables, — c'est un mal inévitable, nous l'avons déjà reconnu, — mais, si nous gagnons néanmoins la bataille, le succès n'en sera que plus décisif.

On voit dans quelle erreur on tomberait en pareil cas si, pouvant joindre l'ennemi sans s'écarter de la voie à suivre, on passait intentionnellement à côté de lui dans la pensée de le vaincre ainsi plus facilement.

On comprend, par contre, que, lorsqu'on dispose d'une supériorité marquée sur le gros de l'ennemi, on peut intentionnellement négliger de l'attaquer, passer outre et persévérer dans l'invasion afin de livrer plus tard une bataille plus décisive.

Il ne s'agit pas ici du gain d'une bataille sans portée

ultérieure mais bien d'une victoire complète, c'est-à-dire
de la défaite réelle de l'ennemi, ce qui exige généralement une attaque enveloppante ou une bataille à front
oblique. Il est donc essentiel, dans le dispositif du
plan de guerre, de réserver le nombre de troupes nécessaires à ce propos, et de leur assigner dès le principe
des directions en conséquence. Nous nous proposons,
d'ailleurs, de revenir sur cette question.

Il est certain qu'il ne manque pas d'exemples de victoires décisives remportées dans des batailles à fronts
parallèles, mais le fait est moins fréquent et deviendra de
plus en plus rare au fur et à mesure que les armées en
arriveront au même degré d'instruction et de mobilité.
On ne ferait plus aujourd'hui, comme jadis à Blenheim,
vingt et un bataillons prisonniers dans un village.

La bataille est-elle enfin gagnée et la victoire acquise, il faut aussitôt, sans temps d'arrêt, sans transition, sans réflexion, sans reprendre haleine même, se
jeter à la poursuite de l'ennemi, l'attaquer partout
où il résiste, s'emparer de sa capitale, détruire ses
armées de secours et renverser tous les points d'appui
de sa puissance.

Si, dans cet élan victorieux, on rencontre des places
fortes, c'est le nombre des forces dont on dispose qui
décide si on les doit ou non assiéger. En cas de grande
supériorité numérique, ce serait perdre du temps de
ne pas s'en emparer au plus vite, tandis que, si l'on a à
craindre pour le résultat de la marche en avant, il faut
se contenter de les observer avec le moins de forces
possible. Dès que les sièges contraignent l'attaque à
s'arrêter, l'invasion a généralement atteint son point
extrême de pénétration.

Appuyée par le gros de l'armée, la marche en avant
doit donc être incessante et rapide. Nous rappelons, à
ce propos, que nous condamnons toute concordance

entre l'action dirigée contre le point principal et les
avantages obtenus sur les points secondaires. Dans la
généralité des cas, le gros de l'armée envahissante ne
conserve donc, comme théâtre de guerre, que la bande
étroite de territoire qu'elle laisse derrière elle en avan-
çant.

Nous avons déjà fait voir en quoi cela affaiblit la puissance du choc et quels sont les dangers qui en résultent
pour l'envahisseur. Il est certain que cette difficulté
peut devenir assez grande pour enrayer la marche,
mais, de même que nous avons déjà dit plus haut que
ce serait une faute de donner dès le début plus de
largeur au front de marche et d'augmenter ainsi les
dimensions du théâtre de guerre au détriment de la rapidité et de la force d'impulsion de l'attaque, nous ajou-
tons ici que l'attaquant doit poursuivre son but tant
qu'il se sent assez fort pour l'atteindre et qu'il n'a pas
encore renversé l'adversaire. En procédant ainsi, il s'expose peut-être à de plus grands dangers, mais il grandit d'autant l'importance du résultat. Si cependant,
parvenu sur un point et n'osant le dépasser, il s'inquiète
pour ses derrières et s'étend à droite et à gauche, il est
très vraisemblable, il est presque certain même que
son élan est épuisé, et que, s'il n'a pas encore terrassé
le défenseur, il ne le pourra plus faire désormais.

Les places fortes, les défilés et les provinces dont
l'attaque se rend dès lors peu à peu maîtresse ne constituent pour elle, à partir de ce moment, que des résultats relatifs mais non plus absolus. Le défenseur
n'est plus en fuite, peut-être même se prépare-t-il déjà
à opposer une nouvelle résistance, et, bien que l'attaque
continue à progresser, il se peut que chaque jour il
gagne déjà sur elle à ce propos, en passant lui-même à
une offensive de plus en plus accentuée. Bref, nous le
répétons, lorsque l'attaque suspend sa marche en avant,

elle est généralement au bout de son élan et ne le peut plus renouveler.

La théorie se borne donc à exiger que l'on poursuive l'ennemi sans répit ni trêve tant que l'on se sent assez fort pour le renverser. Elle condamne alors tout temps d'arrêt dans la marche, mais, dès que le danger devient trop grand et qu'il y faut renoncer, elle prescrit au contraire de s'arrêter et de s'étendre.

Nous savons parfaitement qu'il est de nombreux exemples d'États qui n'ont que peu à peu été réduits à la dernière extrémité. Nous n'avons nullement la prétention de proclamer ici une vérité absolue qui ne comporte pas d'exceptions, et nous ne basons notre raisonnement que sur les probabilités. Il faut, d'ailleurs, distinguer si, lorsqu'un État a succombé, la catastrophe a été le résultat d'une seule campagne ou la conséquence d'une série de fautes relatées dans l'histoire. Nous ne parlons ici que du premier de ces cas, car il provoque seul une tension des forces assez grande pour que l'attaque, visant le centre même de la puissance de la défense, le renverse ou succombe elle-même sous son poids. Lorsque l'on se contente d'un avantage moyen la première année, pour n'en rechercher qu'un à peu près semblable l'année suivante, le danger se divise et ne devient nulle part considérable, mais, dès lors, l'influence de la première victoire sur les incidents suivants est peu sensible, souvent absolument nulle, parfois même négative, et les entr'actes d'un résultat à l'autre ne peuvent qu'avantageusement modifier la situation du défenseur, soit qu'il se relève et se décide à une résistance plus vigoureuse, soit qu'il reçoive de nouveaux secours du dehors. Quand au contraire l'action se poursuit sans désemparer, le succès d'hier entraîne celui d'aujourd'hui, et l'incendie gagne de proche en proche. En somme, si, comme nous l'avons reconnu plus haut, on voit des États succomber sous les efforts successifs de l'attaque, cela prouve qu'il n'y a pas de règles sans exception et que, parfois, le temps peut être défavorable à la défense, mais, par contre, combien plus nombreux sont les exemples où l'attaque a échoué grâce à la lenteur de son action! Qu'on se rappelle, à ce propos, la guerre de Sept ans à laquelle les Autrichiens apportèrent tant de nonchalance, de calcul et de circonspection qu'ils manquèrent absolument leur but.

Nous condamnons donc toute tendance à subordonner la marche en avant à la bonne organisation du théâtre de guerre, manière d'agir à laquelle on ne doit se résoudre que comme à un mal nécessaire, c'est-à-dire lorsque l'on a perdu tout espoir de succès en avant.

Loin d'infirmer notre opinion à ce sujet, l'exemple de Bonaparte en 1812 la confirme.

S'il échoua dans cette campagne, ce n'est pas, comme on le lui reproche généralement, pour s'être trop rapidement et trop profondément avancé dans l'intérieur du pays, mais bien seulement parce que les seuls moyens sur lesquels il pût compter pour réussir lui manquèrent tous. Il n'est pas de puissance en Europe qui dispose de forces assez grandes pour occuper, et par conséquent pour conquérir un empire d'aussi vastes dimensions que la Russie, et les 500,000 hommes que commandait alors Bonaparte n'y pouvaient suffire. Un pareil colosse ne peut succomber que par sa propre faiblesse, c'est-à-dire par la discorde et la guerre intestine. Or, pour menacer l'existence politique d'un État, c'est au cœur même qu'il le faut atteindre, et Bonaparte ne pouvait songer à ébranler la fidélité et la constance du peuple russe qu'en se portant d'un bond sur Moscou. Il espérait conclure la paix dans cette ville, et, dans le fait, c'était là le seul but qu'il pût raisonnablement poursuivre dans cette guerre.

Il dirigea le gros de ses forces contre le gros de celles des Russes qu'il contraignit tout d'abord à reculer par Drissa jusqu'à Smolensk, et, Bagration se trouvant entraîné dans le mouvement, il battit les deux armées et s'empara de Moscou. C'est ainsi qu'il avait toujours fait et qu'il en était arrivé à subjuguer l'Europe; de sorte que, lorsqu'on l'admire comme le plus grand des généraux dans toutes ses campagnes précédentes, c'est être inconséquent que de le blâmer d'avoir agi comme il l'a fait dans celle de 1812.

Dans le jugement à porter sur un événement, on peut sans doute prendre en considération le résultat que cet événement a produit, mais un esprit sage ne s'en tient pas à ce critérium unique. Il en est de même de la critique d'une campagne malheureuse, elle ne peut reposer sur l'énumération seule des causes qui l'ont fait échouer, et, avant de blâmer le général en chef, il faut prouver qu'il eût pu découvrir ces causes et y obvier.

Pour nous, condamner la campagne de 1812 en raison du formidable contre-coup qu'elle a provoqué, alors qu'on n'eût pas trouvé d'expression suffisante pour en proclamer la sublime grandeur si elle eût réussi, c'est faire preuve du jugement le plus arbitraire et le plus faux.

La plupart des critiques reprochent à Bonaparte de n'être pas resté en Lithuanie pour s'assurer des places fortes de cette province — qui n'en compte que deux, d'ailleurs, l'une, Riga, absolument placée sur le côté, et l'autre, Bobruisk, qui n'est qu'une bicoque sans importance. — Or, s'il eût agi ainsi, il se fût placé pour tout l'hiver dans une situation défensive déplorable, et les mêmes critiques ne manqueraient pas de s'écrier : « Comment! il ne marche pas droit à une bataille géné- « rale! Ah! ce n'est plus l'ancien Bonaparte, le héros

« d'Austerlitz et de Friedland, qui ne scellait ses con-
« quêtes que par des coups éclatants frappés à l'ex-
« trême frontière de l'État envahi ! Comment ! hésitant
« et craintif, il laisse la résistance se concentrer autour
« de Moscou au lieu de se jeter sur cette capitale ou-
« verte et de s'en emparer ! Il a le bonheur inouï de
« surprendre une puissance colossale et lointaine comme
« s'il ne s'agissait que d'une province voisine, ainsi que
« fit Frédéric II de la petite Silésie, et, sans tirer parti
« de cet avantage, il s'arrête tout à coup comme para-
« lysé dans sa marche victorieuse ! ! ! »

Tel est le jugement qu'en pareil cas on eût certainement porté sur Bonaparte.

Nous affirmons que la campagne de 1812 n'a échoué
que parce qu'elle ne pouvait absolument pas réussir,
c'est-à-dire parce que le gouvernement russe n'a pas
faibli et parce que le peuple est resté fidèle et constant.
Il se peut que Bonaparte ait commis une faute en l'entreprenant, et le résultat a pour le moins montré qu'il
s'était trompé dans ses calculs, mais nous prétendons
que, du moment qu'il se proposait un pareil but, il ne
le pouvait atteindre que par les grandes lignes qu'il a
suivies.

Au lieu de s'embarquer à l'est de l'Europe dans une
guerre défensive interminable et coûteuse comme celle
qu'il avait déjà à soutenir en Espagne, Bonaparte re-
courut au seul procédé qui fût applicable en Russie. Il
chercha, par l'audace même de son attaque, à frapper
son adversaire de stupeur et à lui arracher la paix. Il
est certain qu'en agissant ainsi il exposait son armée
au danger de succomber à la tâche, mais il le savait
bien, et tel fut précisément l'énorme enjeu qu'il mit
volontairement à cette partie colossale, au gain de
laquelle il attachait tant de prix ! Si cependant ses
pertes ont été supérieures à ce qu'elles devaient fatale-

ment être, on n'en saurait accuser la profondeur même qu'il donna à l'attaque, — il ne pouvait réussir qu'en agissant ainsi, — il le faut attribuer à la fois à son entrée tardive en campagne, à sa tactique meurtrière, au peu de souci qu'il prit des moyens de subsistance, à la mauvaise organisation de ses lignes de retraite, et enfin à l'hésitation qu'il apporta à abandonner Moscou.

Le fait que les Russes parvinrent à devancer les Français sur la Bérésina et à les couper formellement de leur ligne de retraite ne constitue pas un argument considérable contre notre manière de voir. En effet :

1° Cette opération a précisément fait ressortir combien il était difficile de tourner réellement une armée, car, malgré tous les efforts des Russes, les Français, qui se trouvaient dans les conditions les plus défavorables, parvinrent néanmoins à se faire jour, de sorte que, si l'opération a concouru à augmenter la catastrophe, elle n'en a du moins nullement été la cause efficiente.

2° L'exceptionnelle disposition de la contrée, les rives boisées et impraticables de la Bérésina, les marais qui s'étendent sur ses bords et qui coupent la direction des routes prêtèrent ici un rare concours aux Russes, et leur permirent seuls de pousser aussi loin l'opération.

3° Enfin, on ne peut en général se garantir contre une pareille éventualité qu'en donnant une certaine largeur au front de marche, procédé que nous avons déjà condamné par la raison que, si l'on en arrive ainsi à avancer par le centre en se couvrant à droite et à gauche par des corps d'armée laissés plus en arrière, au moindre échec de l'un de ces corps il faut nécessairement faire rétrograder le centre au plus vite, et qu'ainsi conduite l'attaque ne peut pas produire grand'chose.

On ne saurait accuser Bonaparte d'avoir négligé ses

flancs. Il avait laissé des forces supérieures en face de Wittgenstein et, par excès de précaution, un corps de siège proportionné à la garnison de la place devant Riga. Au sud, Schwarzenberg avec 50,000 hommes était supérieur à Tormassoff et presque égal à Tschitschagow ; enfin, un corps de 30,000 hommes commandé par Victor couvrait le centre en arrière. Au mois de novembre même, c'est-à-dire au moment décisif, quand les forces des Français commençaient sensiblement à baisser tandis que les Russes avaient déjà reçu des renforts, la supériorité de ceux-ci sur les derrières de l'armée que Bonaparte dirigeait sur Moscou n'était pas encore considérable, et si Wittgenstein, Tschitschagow et Sacken formaient ensemble 110,000 hommes, Schwarzenberg, Régnier, Victor, Oudinot et Saint-Cyr en comptaient, de leur côté, 80,000. Dans la marche en avant, le général le plus prudent n'eût certes pas consacré plus de forces à la protection de ses flancs.

Si Bonaparte n'eût pas commis les fautes que nous avons signalées plus haut, il est probable qu'au lieu des 50,000 hommes qui repassèrent seuls le Niémen sous Schwarzenberg, Macdonald et Régnier, il eût ramené la moitié des 500,000 combattants auxquels il avait fait franchir ce fleuve dans sa marche en avant. La campagne n'en compterait pas moins au nombre des entreprises manquées, mais, théoriquement, on n'aurait rien à y reprendre, car, dans une expédition de cet ordre, on peut sans exagération s'attendre à perdre la moitié de l'effectif employé.

Nous en avons fini de l'opération principale, du but auquel elle doit tendre et des dangers qui s'y rattachent. Quant aux opérations secondaires, il faut avant tout qu'elles visent toutes à un résultat commun et que ce résultat soit déterminé de façon à ne pas paralyser l'ac-

tion des parties isolées. Nous considérerions comme dé-
sastreux le plan qui consisterait à porter simultanément
trois armées différentes contre la France en les faisant
partir l'une du Rhin supérieur, l'autre du Rhin moyen
et la troisième de la Hollande, avec rendez-vous général à Paris, en leur prescrivant de ne rien risquer
isolément et, autant que possible, de ne pas s'engager
tant qu'elles n'auraient pas effectué leur jonction. En
pareil cas, chacune des armées réglerait nécessairement son allure sur celle des deux autres, et il n'en
pourrait résulter que du retard, de l'hésitation et de
l'indécision dans le mouvement général. Il est préférable de laisser à chacune des armées son indépendance
propre, de façon que l'unité s'établisse entre elles là où
leurs actions se réuniront d'elles-mêmes.

 Cette séparation des forces, suivie d'une concentration nouvelle après quelques journées de marche, se
retrouve dans presque toutes les guerres et n'a, cependant, aucun sens. Quand on se sépare, il faut savoir
pourquoi et agir en conséquence, et la raison n'en peut
être de se réunir de nouveau comme dans les figures
d'un quadrille.

 Ainsi, lorsque l'on porte ses forces à l'attaque sur
des théâtres de guerre différents, il faut assigner à
chaque armée une tâche distincte à l'accomplissement
de laquelle elle doit épuiser sa force vive. Il importe
essentiellement d'atteindre partout ce résultat, et nullement d'obtenir des avantages proportionnels entre les
armées.

 Lorsque l'ennemi a réparti ses forces autrement qu'on
ne l'avait supposé, et que, par suite, l'une des armées
se trouve hors d'état de remplir son rôle, les insuccès
qu'elle éprouve ne peuvent et ne doivent en rien réagir
sur l'action des autres armées; admettre le contraire
serait en effet, dès le début, refuser à l'ensemble de

l'entreprise toute probabilité de réussite. Ce n'est que lorsque l'on est malheureux sur la majorité des théâtres de guerre ou sur les principaux d'entre eux, que cela peut directement influencer la généralité des forces, mais alors on rentre dans le cas d'un plan manqué.

Cette règle est également applicable aux armées ou subdivisions d'armées qui, destinées dans le principe à l'action défensive, peuvent, par suite d'un succès, passer à la forme d'action contraire. En pareil cas, cependant, il peut être préférable de diriger les forces dès lors disponibles sur le point où l'attaque porte ses principaux efforts, ce qui dépend surtout de la situation géographique du théâtre de guerre.

Mais, va-t-on nous demander, dans ces conditions que reste-t-il de la forme géométrique et de l'unité de toute l'attaque, et que deviennent les flancs et les derrières des subdivisions d'armée voisines d'une subdivision battue?

A cette demande nous répondrons de la façon la plus catégorique que ce serait s'engager dans le système le plus faux que de maintenir solidaires les unes des autres toutes les parties d'une grande attaque dans un carré géométrique.

Nous avons déjà fait voir, au chapitre XV *de la Stratégie*, que les combinaisons géométriques exercent bien moins d'influence dans la stratégie que dans la tactique, et nous nous bornerons à rappeler ici cet axiome, que nous avons alors proclamé, que, dans l'offensive surtout, il faut attacher bien plus d'importance aux résultats à obtenir sur les points isolés qu'à la forme géométrique même que l'attaque revêt peu à peu en raison de la diversité des résultats.

En tout cas, les espaces sont si vastes dans la stratégie, que c'est au général en chef qu'il appartient seul de juger et de décider de ce que la situation géométri-

que des diverses parties de l'armée exige dans l'intérêt
de l'ensemble, de sorte que, sans avoir à tenir compte
ou à se préoccuper de ce que son voisin fait ou ne fait
pas, chaque général en sous-ordre peut avoir sa mission spéciale à remplir et un but particulier à atteindre.
Si quelque grave malentendu vient alors à se produire,
le général en chef est toujours à même d'y remédier en
temps utile, et l'on évite ainsi qu'au cours des événements les esprits ne prennent leurs craintes et leurs
suppositions pour des réalités, que l'accident éprouvé
par l'une des colonnes ne réagisse sur toutes les autres,
et que la faiblesse et les inimitiés personnelles des généraux en sous-ordre ne trouvent un champ trop vaste,
principaux inconvénients qu'entraîne généralement le
fractionnement de l'action générale.

Nous croyons que cette manière de voir recevra l'ap-
probation de quiconque a assez longuement et sérieusement étudié l'histoire de la guerre pour en déduire
les plus importants préceptes et reconnaître l'influence
que les faiblesses de l'esprit humain y peuvent exercer.

Si, comme tous les gens d'expérience le proclament,
il est déjà si difficile d'assurer dans la tactique l'ensemble des mouvements des diverses colonnes chargées
d'opérer une seule et même attaque par des côtés différents, on comprend que cela présente encore de bien
plus grandes difficultés dans la stratégie où les espaces
entre les colonnes sont beaucoup plus considérables.
Si l'accord constant entre toutes les parties était ici
l'indispensable condition du succès, il faudrait donc absolument renoncer à attaquer dans cette forme, mais
tout d'abord on n'a pas toujours le choix à ce propos,
et, de plus, — et dans l'action stratégique surtout, —
l'accord n'est nécessaire que pendant une partie de
l'opération. Dans la stratégie on a donc peu à se préoccuper de la concordance de l'action entre les diverses

colonnes, ce qui constitue une raison de plus d'assigner à chacune d'elles sa part dans l'œuvre commune.

La bonne distribution des rôles a ici une grande importance.

En 1793 et 1794 l'Autriche porta le gros de ses forces dans les Pays-Bas, et la Prusse le gros des siennes sur le Rhin supérieur. Dirigées en toute hâte de Vienne sur Condé et Valenciennes, les troupes de la première de ces puissances croisèrent celles de la seconde qui se rendaient de Berlin à Landau. En agissant ainsi, les Autrichiens se proposaient de défendre leurs provinces belges et de s'en servir comme base pour opérer contre la Flandre française. Mais cela ne constituait pas un intérêt suffisant, et, après la mort du prince Kaunitz, le ministre autrichien Thugut obtint de son gouvernement l'évacuation des Pays-Bas et une plus forte concentration des forces.

Dans le fait, la Flandre est deux fois plus éloignée de l'Autriche que l'Alsace, et, en raison des faibles effectifs des armées de cette époque et du coûteux système de leur entretien en campagne, cela méritait d'être pris en considération. Mais tel n'était pas le résultat unique auquel visait le ministre autrichien en agissant ainsi, il cherchait en outre, par l'urgence du danger, à contraindre la Hollande, l'Angleterre et la Prusse, qui comme l'Autriche avaient intérêt à la défense des Pays-Bas et du Rhin inférieur, à faire de plus grands efforts. Il se trompa dans son calcul, parce qu'il n'y avait alors rien à tirer du cabinet prussien, mais cela fait cependant ressortir l'influence que les intérêts politiques exercent sur la marche de la guerre.

La Prusse avait cédé à un entraînement chevaleresque quand elle s'était portée par la Lorraine sur la Champagne en 1792, de sorte que, lorsque les événements se compliquèrent et qu'elle se trouva entraînée dans la guerre, elle n'y apporta qu'un intérêt médiocre. En outre, rien ne sollicitait son action en Alsace, tandis que, dans les Pays-Bas, ses troupes se fussent trouvées en communication directe avec la Hollande qu'elles connaissaient comme leur propre territoire parce qu'elles s'en étaient emparées en 1787, et elles eussent ainsi, du même coup, couvert le Rhin inférieur et la partie de la monarchie prussienne la plus rapprochée du théâtre de guerre. Enfin, ces conditions eussent non seulement facilité les nombreux envois de subsides que l'Angleterre faisait à la Prusse, mais elles eussent peut-être empêché le cabinet de Berlin de commettre la perfidie dont il se rendit alors coupable à ce propos.

On eût donc eu à attendre des résultats tout différents de l'action militaire si l'on eût porté la totalité de l'armée prussienne dans les Pays-Bas, où l'armée autrichienne n'eut dû laisser qu'un corps de faible effectif pour se diriger elle-même sur le Rhin supérieur.

Si le général Barclay eût été mis à la tête de l'armée de Silésie à la place de l'entreprenant Blücher, et si ce dernier eût été maintenu à l'armée principale sous Schwarzenberg, la campagne de 1814 eût peut-être complètement échoué. Si, au lieu d'avoir son théâtre de guerre en Silésie, c'est-à-dire sur le point le plus fort de la monarchie prussienne, le hardi Laudon eût commandé le gros de l'armée impériale, la guerre de Sept ans eut sans doute pris une autre tournure.

Ce côté de la question demande à être examiné dans les trois cas principaux suivants :

1° Lorsque, bien que faisant la guerre de concert, les puissances coalisées y poursuivent chacune un intérêt particulier.

2° Lorsque l'intérêt de l'une d'entre elles étant seul en jeu, les autres ne font que la soutenir.

3° Enfin, lorsqu'il ne s'agit que des qualités personnelles des généraux.

Dans chacun des deux premiers cas, on peut se demander ce qui vaut le mieux de mélanger entre elles les troupes des différentes puissances, c'est-à-dire de former chaque armée de corps de nationalités diverses ainsi que l'on fit en 1813 et 1814, ou au contraire de séparer le plus possible les nationalités.

De ces deux manières de procéder la première est incontestablement la plus avantageuse, mais elle laisse supposer une communauté de vues et un degré de sympathie rares entre les gouvernements coalisés. Ceux-ci, en effet, lorsque leurs troupes sont si étroitement unies, ne peuvent que difficilement isoler leurs intérêts, et les rivalités et les jalousies de commandement, dont l'influence se fait si gravement sentir dans l'action stratégique quand les armées sont séparées, ne peuvent plus se manifester qu'entre les généraux en sous-ordre et, par conséquent, dans le domaine seul de la tactique. C'est ainsi que, pressés par le péril commun, les Alliés agirent en 1813, et l'on ne saurait trop admirer la noble conduite et le désintéressement de l'empereur Alexandre dans cette circonstance, alors que, dans l'intérêt général et bien que ses troupes fussent les plus nombreuses, il n'hésita pas à les placer sous le commandement des généraux en chef prussien et autrichien.

Mais, lorsqu'il n'est pas possible de réaliser une pareille union entre les forces coalisées, il vaut incontestablement mieux les séparer complètement qu'en partie, et la combinaison la plus déplorable consiste à laisser deux généraux en chef indépendants et de nationalités différentes sur le même théâtre de guerre, ainsi que cela se présenta fréquemment pour les Russes, les Autrichiens et l'armée de l'Empire pendant la guerre de Sept ans. — Quand la séparation des armées est com-

plète, la tâche qui incombe à chacune est mieux déterminée, ce qui les sollicite davantage à l'action ; lorsqu'elles se trouvent en communications immédiates ou
sur le même théâtre de guerre au contraire, non seulement il n'en est plus ainsi, mais le mauvais vouloir de
l'une paralyse même les efforts de l'autre.

Dans le premier des trois cas dont nous nous occupons ici, la séparation des forces ne présente aucune
difficulté, par la raison que les puissances coalisées,
bien que faisant la guerre de concert, y poursuivent
néanmoins des intérêts particuliers et donnent par conséquent chacune une direction différente à leurs armées ;
mais il peut en être autrement dans le second cas, et,
dès lors, ce que l'on a de mieux à faire, quand l'armée
de secours est assez considérable pour cela, c'est de
se subordonner entièrement à elle, comme firent les
Prussiens en 1807 et les Autrichiens à la fin de la campagne de 1815.

Quant aux qualités personnelles des généraux, chaque
cas particulier réclame des aptitudes spéciales, mais
nous nous élevons tout d'abord, à ce propos, contre
l'usage habituel qui consiste à donner le commandement des armées secondaires aux chefs les plus prudents et les plus circonspects. Il faut, au contraire,
choisir ici les généraux les plus entreprenants, car,
nous l'avons déjà dit, dans l'action stratégique séparée, il importe avant tout d'obtenir de chacun des
éléments le concours le plus absolu à l'œuvre générale,
et le maximum des efforts qu'il peut produire. C'est
ainsi seulement, en effet, qu'une faute commise sur un
point se trouve compensée par le succès obtenu sur un
autre. Or la réflexion et le calcul ne sauraient ici trouver leur emploi, et l'on ne peut obtenir des colonnes
isolées une action aussi prompte et aussi rapide qu'on
en confiant la direction à des hommes hardis et décidés

que l'instinct et le cœur portent sans cesse à aller de l'avant.

Enfin nous ferons remarquer que, lorsque les circonstances s'y prêtent, il faut tenir compte et tirer parti des affinités qui se présentent entre la nature du terrain et le caractère et les aptitudes des troupes et de leurs chefs. Les généraux expérimentés et prudents, les armées régulières, les bonnes troupes et une cavalerie nombreuse conviennent particulièrement aux pays plats et aux contrées découvertes ; les chefs entreprenants, les milices nationales, les populations armées et les bandes peu disciplinées trouvent leur emploi dans les forêts, les montagnes et les défilés ; quant aux troupes de secours, on leur assigne généralement de riches provinces où elles se plaisent.

Dans tout ce que nous avons dit jusqu'ici du *plan de guerre* en général, et particulièrement dans tous les détails où nous sommes entré dans le présent chapitre, quand le but tend au *renversement* de l'adversaire, nous nous sommes efforcé d'établir que tel est, par excellence, le but auquel la guerre pouvait conduire. Dégageant le sujet des sophismes, des inventions fantaisistes et des préjugés qu'on y a introduits, et n'en exposant que les parties générales et nécessaires, nous avons cherché à faire comprendre au lecteur ce que la guerre devait être pour mener à ce grand résultat, le jeu qu'il y fallait laisser aux éventualités et aux hasards, les moyens qu'il y fallait employer et les voies qu'il y fallait suivre. Si nous avons réussi, nous considérons notre tâche comme terminée.

Si cependant il arrivait que quelques-uns de nos lecteurs s'étonnassent de ce que, dans cette étude du plan de guerre, nous n'ayons pas dit un mot de clefs de pays, de fleuves à tourner, de montagnes ou de points dominants à occuper et de positions fortes à éviter, il en faudrait conclure qu'ils ne nous ont pas compris, ou même, pour dire notre pensée tout entière, qu'ils ne comprennent pas la guerre dans ses rapports généraux. L'étude spéciale que nous avons faite de chacun de ces objets dans les livres précédents nous a conduit à reconnaître qu'ils exercent en général beaucoup moins d'influence qu'on ne le croit d'habitude. Cette influence ne pouvant que s'affaiblir encore à mesure que le but de la guerre devient plus considérable, elle devient absolument nulle lorsqu'il s'agit du renversement absolu de l'adversaire.

Nous nous réservons de consacrer à la fin de ce livre un chapitre spécial à l'organisation du commandement supérieur (1).

Nous terminerons cette étude par un exemple.

Si, ainsi que cela s'est déjà maintes fois réalisé depuis 150 ans, la Russie restant neutre, l'Autriche, la Prusse, la Confédération germanique, les Pays-Bas et l'Angleterre se coalisaient contre la France, dans cette guerre ces puissances seraient en situation de viser, au *renversement* de l'adversaire. Quelles que soient la grandeur et la force de la France, dans de pareilles conditions, elle peut se trouver réduite à des ressources insuffisantes, avec la moitié de son territoire envahi et sa capitale aux mains de l'ennemi, sans qu'aucune puissance, à l'exception de la Russie, soit en état de lui venir en aide. L'Espagne, en effet, est trop éloignée et trop mal préparée, et l'Italie trop faible et trop divisée.

La France possède à elle seule 30 millions d'habitants, mais la population des puissances qui se coalise-

---

(1) Le général de Clausewitz n'a pu réaliser ce projet, et le présent chapitre est le dernier de la *Théorie de la grande guerre*.

raient ainsi contre elle dépassant 75 millions d'âmes
(sans faire entrer en ligne de compte leurs populations
coloniales), on peut, sans exagération, porter aux chiffres
suivants les contingents qu'elles seraient en état de réunir dans une action commune :

> 250,000 Autrichiens.
> 200,000 Prussiens.
> 150,000 Allemands de la Confédération.
> 75,000 Néerlandais.
> 50,000 Anglais.

Soit : 725,000 hommes.

Dans ces conditions, les forces coalisées seraient très
vraisemblablement de beaucoup supérieures à celles
que la France pourrait leur opposer, car, même sous
Bonaparte, jamais cette puissance n'est parvenue à
réunir d'aussi grandes masses de troupes. Il faut ajouter à cela le nombre d'hommes qu'exigeraient l'occupation des places fortes et la garde des côtes, ce qui dimi-
nuerait d'autant encore les effectifs des troupes de
campagne de la défense, de sorte que l'on ne peut dou-
ter de l'imposante supériorité des forces que les coalisés
réuniraient sur le théâtre de guerre principal. Or nous
savons que le moyen le plus sûr de *renverser* l'ennemi
est de lui être numériquement supérieur.

Le centre de puissance d'un État reposant dans son
armée et dans sa capitale, le plan des coalisés doit donc
être ici : 1° de vaincre l'armée française dans une ou
plusieurs batailles générales, 2° de s'emparer de Paris,
et enfin 3° de rejeter au delà de la Loire les débris de
l'armée vaincue. Le point vital de la monarchie française se trouve entre Paris et Bruxelles, et, de ce côté,
la capitale n'est qu'à 30 milles (222 kilomètres) de la
frontière. C'est là qu'est le centre naturel de formation

d'une partie des coalisés, des Anglais d'abord, puis des Néerlandais, des Prussiens et des Allemands du Nord dont les États s'étendent dans le voisinage ou dans le prolongement de cette direction. Quant à l'Autriche et à l'Allemagne du Sud, elles ont toute facilité pour se concentrer sur le Rhin supérieur, et, dès lors, Troyes et Paris, ou même Orléans, constituent leurs objectifs naturels. Ainsi dirigé, qu'il parte de la Hollande ou du Rhin supérieur, chacun des deux chocs est direct, puis-sant et rapide, et conduit, sans rencontrer d'obstacles matériels, au centre de gravité même des forces de l'en-nemi. C'est donc bien sur ces deux points qu'il convient de répartir et de concentrer toutes les forces des puis-sances coalisées.

Si rationnel que soit ce plan dans son ensemble, deux considérations — la situation politique de l'Autriche en Italie et la grande étendue des côtes de la France — en diminuent cependant la simplicité et en compliquent quelque peu l'exécution.

Afin, quelle que puisse être l'issue de la lutte, de res-ter du moins maîtres des événements en Italie, les Au-trichiens ne consentiront jamais à abandonner leurs possessions dans le nord de ce pays, et à ne les couvrir que par une attaque directe sur le cœur de la France. La situation politique de la péninsule justifie certaine-ment cette prudence de la part de l'Autriche, mais le gouvernement de cette puissance n'en commettrait pas moins une grande faute si, se laissant entraîner par là à l'ancien projet si souvent avorté d'une invasion de la France méridionale par les Alpes, il donnait aux forces qu'il entretient en Italie un développement dont le pays n'a pas besoin pour rester à l'abri de tout grand danger pendant la première campagne. Pour demeurer fidèle au grand principe de l'*unité du plan* et de la *concentra-tion des forces*, il ne faut enlever à l'entreprise générale, c'est-à-dire à l'action en commun de tous les coalisés, que ce qu'il est absolument indispensable de laisser en Italie. Songer à conquérir la France par le Rhône, c'est vouloir prendre la lune avec les dents, et, comme entreprise accessoire même, une attaque dirigée contre le sud de la France, — ainsi d'ailleurs que toute attaque dirigée contre une province éloignée, — ne peut produire d'autre résultat que d'éveiller chez l'ennemi des forces qui, sans cela, resteraient latentes. Ce ne serait, enfin, qu'au seul cas où les troupes laissées en Italie se trouveraient être absolument inutiles à la sûreté du pays, que, pour ne pas les laisser oisives, on aurait quelque raison de les employer à l'attaque du sud de la France.

Pour nous résumer, les Autrichiens ne doivent laisser en Italie que le nombre d'hommes strictement nécessaire pour ne pas être exposés à perdre tout le pays en une seule campagne. Nous croyons pouvoir admettre que, dans notre combinaison, un corps de 50,000 hommes suffirait largement à cet objet.

Dans le cas de la coalition que nous supposons ici et en raison de la prépondérance que l'Angleterre possède sur les mers, la grande étendue des côtes de la France sur la Manche et sur l'océan Atlantique contraindrait nécessairement le défenseur à détourner une partie de ses forces du théâtre de guerre principal pour les consacrer à la protection de ses rives maritimes.

Or, avec 25,000 hommes de troupes de débarquement, l'Angleterre immobiliserait sans doute ainsi le double et peut-être même le triple de troupes françaises. Il faut, en outre, faire entrer ici en ligne de compte toutes les dépenses en argent, matériel, canons, etc., qu'exigeraient l'armement et l'entretien de la flotte et des batteries de côte.

Ainsi modifié, notre plan de guerre est des plus simples et consiste :

1° A concentrer dans les Pays-Bas :

200,000 Prussiens.
75,000 Néerlandais.
25,000 Anglais.
50,000 Confédérés allemands des États du Nord.
_____

Soit : 350,000 hommes dont 50,000 environ destinés à occuper les places fortes de la frontière, et les 300,000 autres à marcher sur Paris et à livrer une bataille générale aux armées françaises.

2° A concentrer sur le Rhin supérieur :

200,000 Autrichiens.
100,000 Confédérés allemands des États du Sud.
_____

Soit : 300,000 hommes qui, en même temps que l'armée réunie dans les Pays-Bas se dirigerait sur Paris, se porteraient d'abord sur la haute Seine et, de là, sur la Loire, pour livrer également une bataille générale à l'armée ennemie.

Il pourrait arriver qu'une fois parvenues sur la Loire, les deux attaques se réunissent pour n'en plus former qu'une.

Tel est le plan principal. Les considérations que nous allons faire suivre n'ont d'autre but que de combattre des idées fausses.

1° Chacun des généraux en chef doit tendre avant tout à livrer sa bataille générale dans des rapports de forces et dans des conditions qui lui permettent d'en tirer une victoire décisive. Il faut tout sacrifier à ce résultat et, par conséquent, ne distraire de ses forces que ce qui est strictement indispensable aux sièges, aux blocus, aux garnisons, etc., etc. On marcherait infailliblement à la défaite si, comme fit Schwarzenberg en 1814, aussitôt la frontière ennemie franchie, on se divisait pour suivre des directions divergentes. C'est à la faiblesse seule où la France en était arrivée en 1814 que les Alliés durent de n'avoir pas été écrasés dans les quinze premiers jours. Pour réussir, l'attaque doit être lancée droit au but comme une flèche, mais, dès qu'elle cherche à s'étendre, elle crève comme un ballon trop gonflé.

2° Il faut abandonner la Suisse à ses propres forces. Si elle reste neutre, le Rhin supérieur constituera un bon point d'appui pour les coalisés; si au contraire les Français l'attaquent, elle est en état de se défendre elle-même, et, sous plus d'un rapport, c'est un rôle qui lui convient parfaitement. Ce serait une folie de déduire, de ce que la Suisse est la contrée la plus élevée de l'Europe, que sa situation géographique lui donne une influence prépondérante sur les événements de la guerre. Une contrée ne prend une pareille importance que dans des conditions très exceptionnelles qui ne se présentent pas ici. Attaqués au cœur même de leur pays, les Français seraient hors d'état de se porter eux-mêmes, par la Suisse, à l'attaque énergique de l'Italie ou de la Souabe, attaque à laquelle l'élévation de la contrée ne prêterait d'ailleurs aucun appui décisif. L'avantage à tirer stratégiquement d'une position dominante est surtout marqué dans la défensive, mais, dans l'offensive, il ne s'étend pas au delà du premier choc. Pour ignorer cela il faut n'avoir pas approfondi la question, et si, dans les conseils du souverain ou du général en chef, le front chargé de pensées et de soucis, un savant officier de l'état-major général ose encore professer à l'avenir une pareille doctrine, nous espérons qu'il se trouvera toujours là désormais quelque véritable homme de guerre pour lui imposer silence et rétablir la vérité.

3º Nous ne tenons aucun compte de l'espace à laisser entre les deux attaques. Quand 600,000 hommes se concentrent à quelque 30 ou 40 milles (200 ou 300 kilomètres) de Paris, faut-il encore songer à couvrir le Rhin moyen pour protéger Berlin, Dresde, Vienne et Munich? Tant de prudence équivaudrait à de la folie. Faut-il du moins couvrir les communications? Cela aurait certainement plus de raison d'être ; mais on peut se laisser entraîner à donner à ce service autant d'importance qu'à l'attaque elle-même, et, par suite, en arriver, au lieu de marcher par deux voies, — ce que la situation des États coalisés exige formellement, — à marcher sur trois, voire même peut-être sur cinq ou sur sept colonnes de front, ce qui est tout à fait inutile et rentre dans les anciens errements qui ont été si funestes.

Les deux attaques ont chacune leur objectif, et les forces dont elles disposent sont vraisemblablement de beaucoup supérieures à celles que l'ennemi leur opposera, de sorte qu'elles n'ont qu'à aller énergiquement de l'avant pour exercer l'une sur l'autre la plus favorable influence. Si cependant l'une des deux venait à échouer, parce qu'ayant inégalement réparti ses forces l'ennemi se trouverait numériquement supérieur devant elle, on serait par cela même d'autant plus en droit de compter que le succès de l'autre, non seulement compenserait, mais dépasserait même en

valeur l'insuccès de celle-ci. — C'est en cela que consiste leur véritable connexion. La distance empêche
ici et rend même inutile toute corrélation plus grande
entre l'action des deux attaques, telle par exemple que
celle qui s'étendrait aux opérations journalières, et,
par la même raison, il n'y a pas grande nécessité de
maintenir les deux directions en communications immédiates.

Il faut, en outre, se rendre compte qu'ainsi attaqué
au cœur même de son territoire, l'ennemi ne disposera
pas de forces régulières suffisantes pour les employer à
interrompre ces communications, de sorte que l'on
n'aura vraiment à redouter, à ce propos, que la coopération des habitants des contrées envahies et des partisans
que la défense pourra envoyer. Or, pour paralyser ce
moyen défensif fort économique pour l'ennemi puisqu'il
n'exige de lui aucune dépense de ses forces armées, il
suffira de diriger de Trèves sur Reims un corps de 10,000
à 15,000 hommes particulièrement fort en cavalerie, et
ayant pour unique mission de se tenir à la hauteur de
l'armée principale et de courir sus à tout corps de partisans. Libre de ses mouvements, sans base d'opérations fixe, cédant dans une direction ou dans l'autre
à toute force supérieure et passant entre les places
fortes sans les bloquer ni les observer, ce corps n'aura
pas de revers sérieux à redouter, et, en essuierait-il,
d'ailleurs, que cela n'exercerait pas grande influence
sur l'ensemble des opérations. Dans ces conditions,
il est vraisemblable même que ce corps suffirait seul
au service des communications entre les deux attaques.

4° Quant aux 30,000 Autrichiens laissés en Italie et
au corps anglais de troupes de débarquement, plus leur
activité sera grande et mieux ils atteindront leur but,
qui consiste à détourner du théâtre de guerre principal
le plus grand nombre possible des forces de l'ennemi.

En aucun cas leurs opérations ne sauraient exercer d'influence sur les deux grandes attaques qui en doivent absolument rester indépendantes.

Si la France s'avise encore de vouloir opprimer l'Europe comme elle l'a fait pendant 150 ans, nous avons la conviction qu'en procédant ainsi on l'en fera chaque fois repentir. C'est au delà de Paris et sur la Loire même, qu'il faut châtier cette orgueilleuse puissance, et la contraindre à se soumettre aux conditions que le repos du monde réclame. C'est ainsi seulement que le rapport, qui se présente entre les 75 millions d'habitants des États coalisés et les 30 millions de ceux de la France, manifestera promptement sa puissance, tandis que si, revenant à la méthode qui a prévalu pendant un siècle et demi, on fractionne les forces de la coalition sur la frontière depuis Dunkerque jusqu'à Gênes, en un chapelet d'armées ayant chacune son petit objectif particulier, on ne surmontera jamais l'inertie, le frottement et les influences étrangères qui se produisent partout, et renaissent sans cesse dans les armées coalisées.

Mais, il faut le reconnaître, les règles sur lesquelles repose la formation de l'armée fédérale sont loin de faciliter les dispositions à prendre pour l'exécution du plan que nous indiquons ici. Dans cette organisation, en effet, ce sont les États fédérés qui forment le centre de puissance de l'Allemagne, ce qui paralyse les forces de la Prusse et de l'Autriche, et enlève à ces deux États la prépondérance qui leur revient naturellement. Un État fédératif constitue à la guerre un noyau très inconsistant, et n'admet ni unité, ni énergie, ni autorité, ni responsabilité, ni choix judicieux du commandant en chef.

L'Autriche et la Prusse sont les deux centres naturels de résistance, de force et de mouvement de l'Empire d'Allemagne. Puissances monarchiques, habituées à la

guerre, ayant des intérêts particuliers et des forces
indépendantes, ces deux États exercent une prépondérance naturelle sur tous les autres. C'est sur ces bases
rationnelles que devrait reposer l'organisation militaire
de l'Allemagne, et la chercher dans une unité, qui est
ici d'ailleurs absolument irréalisable, c'est faire acte
de folie, car c'est négliger ce qui est possible pour
tenter ce qui ne l'est pas.

FIN DU TROISIÈME ET DERNIER VOLUME.

TABLE DES MATIÈRES.

L'OFFENSIVE.

LE PLAN DE GUERRE.

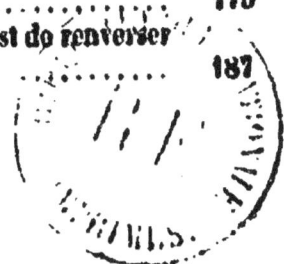

Paris. — Imprimerie L. BAUDOIN et Cⁱᵉ, 2, rue Christine.

Paris. — Imprimerie L. Baudoin et C[ie], 2, rue Christine.

www.ingramcontent.com/pod-product-compliance
Lightning Source LLC
Chambersburg PA
CBHW062216270326
41930CB00009B/1759